빽투더 올드팝

복고맨의 8090 팝스 견문록

복고맨 지음

◆◆◆◆ 보누스 ◆◆◆◆

뉴 키즈 온 더 블록은 10대의 감성과 에너지를 잘 표현한 보이 밴드다. 경쾌한 팝과 R&B 기반의 멜로디에 매끄러운 보컬 하모니를 결합했는데, 청소년층을 겨냥한 감성적인 가사와 감각적인 퍼포먼스로 폭발적인 인기를 얻었다. 보이 밴드 시대를 열며 팝 음악 역사에서 중요한 한 축을 담당했다는 점에서 이들을 부정할 수는 없다.

"흔들어주세요!"라는 광고로도 유명했던 틴팝 가수 티파니. 청순한 이미지 덕분에 또래 청소년 팬이 많았으며 10대의 감수성을 반영한 감정적인 발라드와 신나는 팝을 균형 있게 선보였다. 몰(mall) 투어 같은 프로모션 전략이 독특했으며, 80년대 팝 문화의 아이콘이었다.

신디 로퍼는 독특한 보컬과 대담한 패션으로 1980년대 팝 음악
계에서 두각을 나타냈다. 《She's So Unusual》 앨범은 상업적
성공과 평단의 호평을 동시에 얻었으며, 〈Girls Just Want to
Have Fun〉과 〈Time After Time〉 같은 히트곡을 남겼다. 펑크
와 뉴웨이브 요소를 결합해 독창성을 유지하면서도 MTV 세대를
대표하는 아이콘으로 활약했다.

너바나는 90년대 그런지 록의 대표 주자로 당시 음악계의 흐름을 완전히 바꿔버린 밴드다. 커트 코베인의 거친 보컬과 강렬한 사운드는 젊은 세대의 불안과 반항을 대변하며 X세대의 큰 공감을 얻었다.

일러두기

- 앨범·책·뮤지컬·TV 및 라디오 프로그램 등은 《 》로, 노래와 영화는 〈 〉로 표기했습니다.
- 국립국어원 외래어 표기법을 따랐으나, 언중이 널리 쓰는 표기가 있다면 이를 따랐습니다.
- 본문 첫 문단에 등장하는 QR 코드는 가수의 대표곡을 모은 플레이리스트로 연결됩니다.

나만의 흥얼거림에서 시작한
모두의 추억 플레이리스트

개인 취향은 대개 유니크한 법이다. 내 특이한(?) 음악 취향도 한동안은 나만의 전유물이었다. 타인에게 이 음악 좀 들어보라고 강요하지 않았다는 말이다. 종종 취향 비슷한 친구들끼리 모일 때만 음악 얘기를 꺼내곤 했는데, 조용한 내 취미 생활에 균열이 생긴 때는 2018년이었다.

영화 〈보헤미안 랩소디〉가 개봉하자, 친구들이 노래방에서 〈Bohemian Rhapsody〉를 불렀다. 이 광경을 목도하면서 이런 생각이 들었다. '아, 친구들이 안 듣는 게 아니구나.'

가수의 특별한 사연과 함께 음악을 들려주면 내 친구들도 옛날 음악을 흥미롭게 듣지 않을까 하는 아이디어가 떠올랐다. 그렇게 '복고맨 채널'이 시작되었다.

옛날 음악과 당시 문화를 사랑하지만, 그럼에도 두려움이 생긴다. '내가 살아보지 못한 시절을 콘텐츠로 다루어도 될까?'라는 두려

9

움 말이다. 유튜브를 시작한 지 5년이 넘어가지만, 지금도 가까스로 이 두려움을 이겨내며 유튜브 채널을 운영하고 있다. 그래도 매번 새로운 음악과 추억을 찾아내는 기쁨은 불확실한 불안감을 떨쳐내는 원동력이 되어준다.

물론 책을 쓰는 일은 유튜브를 운영하기로 결심했을 때보다 훨씬 많은 용기가 필요했다. 책이라는 매체의 무게감은 확실히 영상과 달랐다. 어릴 적부터 궁금한 게 있으면 영상보다는 책을 뒤졌고, 내 이름을 건 책 한 권 내보는 게 소원이었을 만큼 책은 내게 단순한 정보 매체 이상의 존재였기 때문이다.

처음엔 록 음악에 빠졌다가, 좋아하는 가수의 신곡이 나오지 않아 과거에 나온 음악을 뒤졌다. 그러다 점차 옛 시절의 음악과 문화에 빠져 이렇게 책까지 쓰게 되었다. 나는 내가 살아보지 못한 시절을 '상상할 수 있어' 좋아한다. 음악은 상상력을 자극하는 훌륭한 도구다. 부드러운 발라드나 R&B 음악을 들을 때면 낭만적인 그 시절을, 거친 록 음악을 들을 때면 조금은 험했던 그 시절을 머리에서 그리곤 했다.

당연히 한계도 분명했다. 상상과 실제의 영역은 엄연히 달랐다. 유튜브 채널을 운영하면서, 70~90년대를 살아본 세대가 보내온 피드백을 많이 접할 수 있었다. 그 덕분에 나는 문헌에 남지 않은 그 시절 이야기를 잔뜩 접했다. 처음에는 조금 슬펐다. 내가 아무리 조사하고 상상해도, 그 시절을 완벽하게 알 수 없다는 우울함이랄까. 그렇다고 내가 좋아하는 음악을 버릴 순 없었다. 계속 그 시절의 차트를 조사하고, 재발견의 희열을 느끼면서 내 마인드는 조금씩 변했다.

그저 좋아하는 음악을 같은 취향을 가진 사람과 공유하는 것 자체가 즐거운 일이 아닐까 하는 생각이 든 것이다. 이 모든 과정에 감사하며, 주어진 일에 최선을 다하려 한다. 복고맨으로 활동하는 나를 격려해 준 수많은 인생 선배들께 감사하다. 편안한 세상에서 클릭 한 번으로 모든 음악을 듣는 나보다 훨씬 열정적으로 음악을 탐구한 분들이 바로 그들이다. 그분들이 보내온 응원을 볼 때마다 그래도 내가 열심히 하고 있구나 싶어 용기가 생긴다.

유학 생활을 할 때, 70~80년대 음악도 심심찮게 나오던 식당가와 쇼핑가를 부러워했던 적이 있다. 그곳 젊은이들은 거리에 울려 퍼지는 과거 히트곡을 자연스럽게 따라 불렀다. 음악은 세대를 연결하는 창구이자 수단이다. 이 책이 세대 연결에 어느 정도 보탬이 되었으면 하는 바람이다.

차 례

빌보드 차트를 점령한 디바, 머라이어 캐리

흔히들 한 분야에 특출난 인물을 보면 '○○DNA를 지녔다'고 표현한다. 마치 엄마 배 속에서부터 재능을 지니고 태어난 것 같다는 극찬이다. 팝계에서 이런 표현과 가장 어울리는 가수를 찾으라면 머라이어 캐리가 아닐까. 빌보드 1위를 차지한 노래를 무려 열아홉 곡이나 배출하고, 시대별로도 90년대부터 2020년대까지 30년에 걸쳐 절묘하게 빌보드 1위를 차지하는 등 '기록 DNA'가 몸에 배었다.

진기록을 비롯한 각종 업적은 유독 머라이어에게 따라왔다. 90년대 음악계를 휩쓴 머라이어가 지금도 커리어를 멋지게 이어갈 줄은 아무도 몰랐을 것이다. 업적은 실력만으로 만들 수 없다. 실력은 물론이요, 시대적 상황과 순간의 선택이 동시에 맞아떨어져야 한다. 머라이어의 삶은 놀라운 기록으로 가득하지만, 굴곡과 고난으로 험난하기도 했다. '공주'라는 세간의 인식과 다르게 가난했던 유년 시절은 내가 머라이어의 삶에 매력을 느낀 요소였다.

머라이어는 아프리카계와 베네수엘라계 혼혈인 아버지와 아일랜드계 피를 지닌 어머니 사이에서 삼 남매의 막내로 태어났으며, 어릴 적부터 음악적 재능이 특출났다. 오페라 가수였던 어머니는 머라이어의 보컬을 매번 피드백했고, 이는 휘트니 휴스턴처럼 재능에 조기 교육이 더해진 스타 탄생의 전조였다. 심지어 머라이어는 독자적으로 자신의 보컬을 계발하기도 했는데, 대표적으로는 태어날 때부터 있었던 약간의 결절을 이용해 휘슬 레지스터를 구사한 것이다. 흔히 '돌고래 창법'으로 불리는 휘슬 레지스터는 인간 한계에 도전하는 고음을 자유자재로 소화한다.

　어린 시절이 마냥 순탄한 것은 아니었다. 세 살 때 부모님의 이혼을 겪어서 아버지와 관련한 기억이 거의 없었고, 유복하지 못해 배고픔을 달고 살았다. 수시로 사는 곳을 옮기며 한군데 정착하지도 못했는데, 1년 내내 교류도 거의 없던 언니와 오빠는 기껏 크리스마스를 앞두고 모이면 욕하고 싸우며 분위기를 망치곤 했다. 성장기에 있던 머라이어는 시를 쓰며 자신의 답답함을 표출했고, 거기에 멜로디를 붙여 노래하곤 했다.

　불운한 성장 환경은 머라이어를 보컬이자 싱어송라이터로 이끌었다. 그리고 이 시절의 경험은 머라이어가 위기에도 아랑곳 않고 끈질긴 생명력을 유지하는 원동력이 된다. 고등학교를 졸업한 머라이어는 맨해튼에 정착해 데뷔를 꿈꾸는데, 이때에도 웨이트리스 같은 직업을 전전하며 근근이 살아갔다.

하지만 그 실력은 어디 가지 않았고, 머라이어가 백보컬을 해주던 가수 브렌다 K. 스타는 단숨에 재능을 알아보며 머라이어를 전폭적으로 밀어줬다. 만나는 사람들마다 머라이어를 소개하며 계약을 종용했는데, 그렇게 인연이 닿은 인물이 토미 모톨라였다. 이는 둘의 운명을 송두리째 뒤바꾸는 만남이었다.

한 파티에서 브렌다로부터 머라이어의 데모 테이프를 넘겨받은 토미는 순식간에 머라이어의 잠재력을 읽고 계약을 준비했다. 그는 이미 홀 앤 오츠를 발굴하고 다이애나 로스를 관리하는 등 음악계의 거물이었으며 곧 소니 뮤직의 CEO가 될 예정이었다. 토미는 휘트니에 대항할 디바가 필요했고, 머라이어는 훌륭한 보컬과 외모에 송라이팅 능력까지 갖췄다. 머라이어는 CEO가 될 토미의 '첫 작품'이었다. 이후 소니 뮤직의 CEO로서 조지 마이클, 마이클 잭슨 등과 연달아 갈등을 일으킨 토니였지만, 머라이어에겐 한없이 따뜻할 뿐이었다. 머라이어 캐리의 1집은 수많은 스태프를 동원해 완성한 야심작이었고, 이 앨범은 곧장 빌보드 1위 네 곡을 배출하며 새로운 빌보드 황제의 탄생을 알렸다.

재능에 전폭적인 지원까지 더해진 머라이어는 누구도 막을 수 없었다. 2집에서도 자유자재로 음을 갖고 노는 〈Emotions〉를 빌보드 1위로 올리고, 언플러그드 공연에서 커버한 〈I'll Be There〉(원곡은 잭슨 5) 또한 빌보드 1위로 올렸다. 머라이어는 팝의 공주가 되었고, 이를 지원하는 토미는 마치 왕자 같았다. 결국 둘은 결혼했고, 스

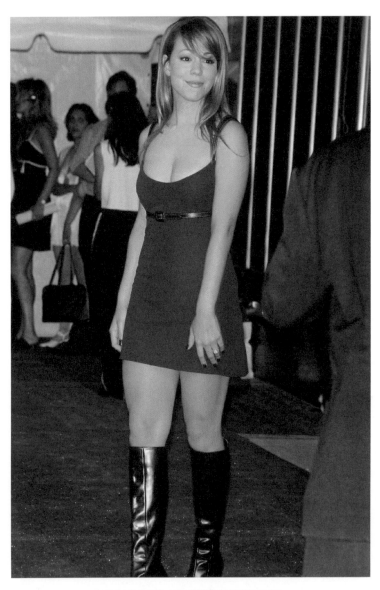

MTV 어워드에 나선 머라이어 캐리(1996년)

무 살의 나이 차를 뛰어넘은 결합은 전 세계의 주목을 받았다.

머라이어의 인생은 신데렐라 스토리다. 어릴 적부터 '왕자 님'을 향한 환상이 있었다는 머라이어는 어느 순간부터 이성으로 다가온 토미에게 끌려 결혼을 결심했다. 하루빨리 배우자를 만나 안정을 찾고 싶었던 머라이어의 나이는 고작 스물 셋이었는데, 이는 소니에서 머라이어의 입지가 절대적으로 공고해짐을 의미했다. 결혼 직후 발매한 3집《Music Box》는 전 세계적으로 2,800만 장이 넘는 판매고를 기록하며 전성기 머라이어의 커리어 중에서도 최고 히트작이 되었다. 〈Dreamlover〉와 〈Hero〉 등을 다시 1위로 올린 머라이어는 다음 해에 느닷없이 크리스마스 앨범을 만들자는 토미의 권유에 난색을 표했다.

보통 캐롤 앨범은 커리어가 한풀 꺾인 유명 가수들이 안정적인 판매량을 노리고 녹음하는 경우가 많기 때문이었다. 하지만 토미와 머라이어의 조합은 이번에도 시너지를 일으켰다. 본디 여타 가수처럼 커버곡만 내자던 계획은 머라이어의 자작곡까지 수록하는 것으로 확장되었는데, 그렇게 머라이어가 작곡가 월터 아파나시에프와 함께 만든 곡이 〈All I Want for Christmas Is You〉였다.

어린 시절부터 크리스마스를 제대로 즐기지 못한 머라이어는 이 노래에 자신의 환상을 모두 담았다. 항상 크리스마스가 엉망이었던 어린 시절의 기억이 오히려 '완벽한 크리스마스'에 어울리는 노래를 만든 동기가 된 것이다. 머라이어는 어른이 되어서도 눈과 순록, 산타 등 크리스마스와 관련한 모든 것을 사랑했다. 거기에 '자신이 어렸을 때 들었을 법한 분위기'로 노래를 만들기 위해, 수많은 옛날 R&B와 가스펠 음악을 다시 들었다. 그리고 여름에 녹음하면서도 분위기를 한껏 내려고 스튜디오를 온통 크리스마스 장식으로 꾸몄다. 어려움이 닥쳐도 잃지 않은 순수함은 결국 명곡을 만들었고, 이 곡은 순위와 관계없이 매년 성탄절마다 살아남으며 스스로 고전이 되었다. 기어이 순위표마저 다시 정복한 건, 2019년의 일이다.

토미는 머라이어가 쉬고 싶을 때에도 끊임없이 채찍질을 하며 90년대를 머라이어의 시대로 만들었다. 5집 《Daydream》 또한 판매량 2,000만 장을 넘겼다. 보이즈투맨과 함께 부른 〈One Sweet Day〉는 무려 16주 연속 빌보드 차트 1위를 기록했으며, 이 곡을 포함해 세 곡의 빌보드 싱글 차트 1위곡을 배출했다. 그 과정에서 덤핑 논란이 일어날 만큼 소니의 머라이어 밀어주기는 전심전력이었다.

그러나 신데렐라 이야기가 동화 같지만은 않았다. 머라이어는 이때의 결혼 생활을 "거의 죄수처럼 살았다."라고 회상하는데, '어린 신부' 취급을 받으며 사는 동안 마음의 병 또한 자랐다. 《Daydream》을 마지막으로 머라이어와 토미의 관계에 균열이 생기고, 이때부터 사운드에 머라이어의 의도가 더욱 크게 반영된다. 힙합 사운드의 비중이 늘어난 앨범에서 음악보다 더 주목받은 건 머라이어의 의상이었다. 파격적인 노출을 선보이는 머라이어를 사람들은 낯설어 했다. 〈Honey〉와 〈My All〉 등의 빌보드 1위곡을 평소처럼 배출했지만 앨범 판매량은 반 토막이 났다. 하지만 이는 분명히, 스스로 왕좌를 내려놓으며 독립하려는 신데렐라의 첫걸음이었다.

토미와 별거에 들어간 머라이어는 1998년에 이혼했고, 1999년 《Rainbow》 앨범을 마지막으로 소니와의 동행 또한 끝냈다. 10년간 캐롤 앨범을 포함해 총 7장의 앨범을 냈고, 이외에도 언플러그드 라이브와 베스트 앨범으로 판매량을 극대화했다. 《Rainbow》까지 배출한 빌보드 1위곡은 총 열다섯 곡이었다. 토미와 헤어진 머라이어는 야구 선수 데릭 지터와의 열애로 또 한 번 화제를 몰고 왔고, 음악 내적으로나 외적으로나 단 한 번도 이슈가 끊이지 않았다.

당시 머라이어는 과대평가와 과소평가를 동시에 받는 가수였다. 덤핑까지 동원한 소니의 전폭적인 지원이 없었다면 결코 이 자리까지 오르지 못했을 것이라는 평가와 수많은 가십과 논란 때문에 실

《Butterfly》《Rainbow》 앨범 커버

력이 오히려 묻혀버렸다는 평가가 공존했다. 어느 쪽이 진실에 더 가까운지는 2000년대의 머라이어가 보여줘야 할 일이었다. 머라이어는 2001년 버진 레코드와 1억 달러에 가까운 규모로(8,000만 달러 또는 1억 달러 등 다양한 말이 있다.) 계약을 하며 첫 시험대에 올랐다.

머라이어는 자신의 새 앨범《Glitter》에 사활을 걸었다. 동명의 영화에 출연함과 동시에, 사운드트랙을 자신의 새로운 정규 앨범으로 발매하는 거대 프로젝트였다. 그러나 이 시기 머라이어는 심리적 한계에 부딪혔다. 하루에 서너 시간만 자며 촬영 현장과 스튜디오를 오가는 강행군은 억눌러온 스트레스를 단번에 터뜨리게 했다. 머라이어는 이 시기에 자신이 사람들을 실망시킬지도 모른다는 두려움이 너무 컸으나 이를 털어놓을 곳이 아무 데도 없었다고 이야기한다. 심신 쇠약으로 입원 치료를 받는 모습에 누구나 머라이어의 심리적 변화를 알아볼 정도였다. 갖은 고생을 한 앨범이었지만,《Glitter》는 크게 실패했다. 2001년 9월 11일에 발매된 OST와 열흘 뒤 개봉한 영화는 9.11 테러 직후의 추모 분위기와 겹쳐 힘을 내지 못했다. 완성도 또한 혹평을 받으면서 흥행에 참패했다. 2,200만 달러의 제작비에 흥행 성적은 500만 달러가 채 되지 못했다.

《Glitter》는 머라이어 캐리의 커리어 최초로 1위 싱글을 배출하지 못한 정규 앨범이다. 골든 라즈베리 최악의 여우주연상을 수상하며 순식간에 커리어는 침체기로 접어들었다. 버진 레코드는 2,800만 달러라는 위약금을 감수하며 머라이어와 계약을 해지했다. 토미의 품을 벗어난 머라이어는 이 시기 아버지의 사망 소식을 비롯한 가정 사로도 곤란을 겪었다.

2002년 발매한 9집《Charmbracelet》또한 판매량 300만 장에 그치며 흥행에 실패하고, 머라이어의 빌보드 신화는 그렇게 끝나는 듯 보였다. 실패를 모르고 살던 신데렐라는 왕자 님의 품을 벗어나자 실패만을 반복했다.

21세기의 머라이어를 관통하는 키워드는 '해방'이었다. 공주 같던, 하지만 한편으로는 죄수 같았던 삶에서 해방되고는 모든 풍파를 혼자 감당했다. 머라이어가 본격적으로 자신이 하고 싶은 음악을 시작한 6집《Butterfly》이후로 하락세는 시작되었고, 토미를 벗어난 이후로는 아예 판매량이 급전직하했다. 머라이어는《Charmbracelet》이후 약 2년 반의 휴식기를 보냈고, 이는 데뷔 이래 가장 긴 공백이었다.

머라이어는 해방의 당위성을 증명해야만 했다. 2년 반의 시간이 지나 발매한 10집《The Emancipation of Mimi》는 머라이어의 야심작이었다.(캐롤 앨범을 제외하면 9집이다.) 앨범명을 직역하면 '미미의 해방'이었는데, '미미'는 머라이어의 애칭이고, '해방'은 마치 자신의 음악이 완성되었음을 알리는 선언과도 같았다. 〈We Belong Together〉가 14주 연속 빌보드 싱글 차트 1위를 차지하고, 2005년 연간 차트 1위에 올랐다. 〈Don't Forget About Us〉 또한 머라이어의 17번째 빌보드 1위곡이 되었다. 머라이어가 그간 감행한 크로스오버와 음악적 변신이 결코 틀리지 않았음을 입증한 결과물이었다.

힙합은 물론이요, 재즈와 댄스 요소까지 포함한 앨범을 완성한 건 머라이어의 완벽한 보컬이었다. 어떤 노래도 흠 없이 소화하는 디바의 모습에 전 세계는 다시 한번 열광했다. 앨범의 마지막 수록곡 〈Fly Like a Bird〉는 "난 이제 새처럼 날아가겠다."라는 열망을 표현했고, 이후 머라이어는 정말 새처럼 날아올랐다. 머라이어는 이후 두 번째 크리스마스 앨범을 포함해 2024년 기준 5장의 정규 앨범을 더 발매했다. 《The Emancipation of Mimi》에 버금가는 흥행작은 없었으나 이후로는 누구도 머라이어의 능력을 의심하지 않는다.

1994년에 제작한 〈All I Want for Christmas Is You〉는 빌보드가 기존 곡의 차트 재진입을 허용한 2012년부터 역주행을 시작하더니 2017년엔 아예 10위권 안으로 진입했다. 2017년에 9위를 기록하고 2018년엔 3위까지 오른다. 머라이어는 2019년, 곡의 발매 25주년을 맞아 뮤직비디오도 새로 촬영하는 등 한 차례 더 대대적인 마케팅을 펼쳤고, 이 성탄 연금(?)은 마침내 2019년 12월 21일자로 첫 빌보드 1위를 차지했다. 발매 25주년 만이었다. 1990년대와 2000년대, 그리고 2010년대까지 빌보드 1위곡을 배출한 머라이어는 〈All I Want for Christmas Is You〉의 1위 기록을 3주간 유지하며 2020년 1월 4일 차트까지 1위로 마무리했다. 순식간에 2020년대의 빌보드 1위곡까지 배출해 버린 것이다. 1위 배출 기록이 1990년대에서 2020년대까지 늘어나는 순간이었다. 머라이어에게 새겨진 기록 DNA는 2024년 현재에도 유효하다.

2024년 그래미에서 글로벌 임팩트상을 수상한 머라이어

머라이어는 누구보다 높은 자존감 때문에 '미미 공주'라는 별명으로 팬들에게 불리고 있다. 때로는 그 자존감이 거부감을 일으켜 '공주병'이라 격하되기도 한다. 그리고 간혹 따라오는 라이브 문제를 비롯한 각종 논란은 여전히 머라이어를 가십의 중심으로 만든다. 2014년 내한 공연에서도 머라이어의 무대 매너와 목 상태는 논란이었다. 인물에 대한 개인의 호오(好惡)는 분명히 존재한다.

그러나 나는 머라이어를 좋아한다. 자신의 한계였던 신데렐라 서사를 스스로 깨부순 일련의 과정을 존중하기 때문이다. 게다가 머라이어는 자신을 미미 공주라고 스스로 부를 만한 자격이 있다고도 생각한다. 자신의 삶과 음악으로 자기가 존중받을 만한 사람임을 입증했으니 말이다.

PLAY LIST

- Vision of Love
- Love Takes Time
- Emotions
- I'll Be There
- Hero
- Dreamlover
- All I Want for Christmas Is You

🎵 One Sweet Day(with Boyz II Men)

🎵 Always Be My Baby

🎵 Fantasy

🎵 Honey

🎵 Heartbreaker(with Jay-Z)

🎵 Thank God I Found You

🎵 We Belong Together

🎵 Don't Forget About Us

트리비아

- 빌보드 1위곡을 무려 열아홉 곡이나 배출한 머라이어지만 이 기록이 1등은 아니다. 가장 많은 빌보드 1위곡을 배출한 가수는 비틀즈로, 총 스무 곡을 1위에 올렸다.
- 1998년 머라이어와 휘트니 휴스턴의 듀엣 〈When You Believe〉가 발표되었는데, 듀엣이 성사된 건 거짓말 덕분(?)이라고 한다. 제작사가 두 사람 각자에게 듀엣이 합의되었다고 거짓말했다.

대한민국에 벚꽃 연금이 있다면 미국엔 성탄 연금이 있다. 매년 크리스마스 시즌만 되면 차트에 진입해 가수들의 노후를 든든히 책임지는 최고의 크리스마스 곡들을 모아보았다. 조지 마이클의 〈Last Christmas〉는 따로 소개한다.

브렌다 리
– Rockin' Around the Christmas Tree (1958)

1944년생 가수 브렌다 리가 1958년에 발표한 크리스마스 곡. 1960년 처음으로 차트에 진입한 이 곡은 2019년을 기점으로 매년 빌보드 차트 2위에 오르며 브렌다 리의 이름을 지속적으로 각인시켰다. 그리고 2023년, 브렌다 리가 나이 79세에 뮤직비디오를 찍고 정력적으로 마케팅을 펼친 이 곡은 기어이 빌보드 1위를 차지하기에 이른다. 만 79세 26일, 빌보드 역사상 최고령 1위였다.

호세 펠리치아노
– *Feliz Navidad (1970)*

푸에르토리코에서 태어난 호세 펠리치아노는 미국으로 건너와 독립
하기 전, 매년 크리스마스를 함께하던 가족을 생각했다. 가족을 추억
하며 쓴 곡 〈Feliz Navidad(메리 크리스마스)〉는 지금도 매년 차트에
진입하고, 최고 순위 6위까지 기록했다. 이 곡에서 호세는 고국의 전
통 악기인 쿠아트로를 사용하며 지역색 또한 살렸는데, 이 덕분인지
라틴 지역에서 큰 사랑을 받았다.

빙 크로스비
– *White Christmas (1942)*

〈스윙 호텔(Holiday Inn)〉이라는 영화의 수록곡으로 처음 등장한 이
곡은 영화와 별개로 지금까지 살아남아 매년 연주된다. 이 곡의 위엄
은 단 한 마디로 설명이 가능한데, 기네스북에 '세계에서 가장 많이
팔린 싱글'로 등재되었다. 판매량은 5,000만 장으로 추정한다.

마이클 잭슨, 세상을 치유하고 떠난 팝의 황제

마이클 잭슨이란 사람은 다시 나올 수 없다. 업적도 업적이지만, 삶 자체가 평범한 사람의 범주를 아득히 벗어났다. 나를 포함해 주변 친구들도 마이클 잭슨을 알긴 알았다. 한 친구가 뒤로 걸으면 "쟤 문워크한다."라고 깔깔대거나 사타구니를 잡고 빌리 진 춤을 흉내 내며 장난치는 식이었다. 이렇듯 마이클 잭슨은 가끔씩 장난 거리로 소환되는 이름이었다. 내가 올드팝에 빠지기 전까지는 말이다.

마이클 잭슨의 인생을 고스란히 들여다보면 이렇게 기구할 수가 있나 싶다. 거진 15년을 올드팝 마니아로 덕질하며 살아왔지만, 나는 아직까지도 마이클 잭슨의 인생에 비견할 만한 인물을 찾지 못했다.

마이클 잭슨은 1958년 8월 29일생으로 폭력적인 아버지 밑에서 자라 어릴 때부터 맞고 자랐다. 아버지 조 잭슨은 자기 자식들이 음악하는 모습을 보고 감탄해 그들을 가수로 키웠는데, 개중에서도 마이클의 재능은 독보적이었다고 전해진다. 결국 만 다섯 살에 메인 보컬이 되고, 그때부터 클럽과 스트립바를 전전하며 노래를 했다.

이 당시 마이클은 녹음하러 가는 길에 차창 밖으로 자기 또래들이 신나게 놀고 있는 모습을 보며 '자신이 그들과 완전히 다른 존재'라는 생각을 했다. 우리 모두는 순수했던 어린 시절과 추억이 있으나 마이클은 없었다. 이런 성장 배경은 마이클이 훗날 네버랜드를 건설하고, 어린이 재단에 끊임없이 기부하는 계기가 된다.

어린 마이클은 잭슨 5의 선봉장으로 〈I Want You Back〉, 〈ABC〉 등의 히트곡을 배출했고, 솔로 곡 〈Ben〉을 빌보드 1위에 올리며 탄탄대로를 걸었다. 하지만 그럴수록 마이클은 '사람 사는 세상'과 격리되었고, 아버지와 형제들은 가는 곳마다 이성 관계를 맺으며 외로움을 달랬으나 마이클은 거기에 혐오감을 느꼈다.

내게 마이클 잭슨은 불세출의 인물이다. 즉 다시 나올 수 없는 사람이다. 이는 물론 마이클 잭슨의 음악 재능이 워낙 독보적이기 때문이지만, 알면 알수록 놀라운 그의 면면 때문이기도 하다.

마이클 잭슨은 노래와 춤, 작곡에 천부적 재능을 지닌 음악가였다. 그런데 야망이 크고 완벽주의적 성향까지 있었다. 그런 사람이 단 한순간도 평범한 삶을 누리지 못한 채 음악 실력만 갈고닦았다. 어떤 때는 맞으면서까지.

한 마디로 기계가 된 천재였다. 아동 학대가 용인되지 않는 현대 사회에선 꿈도 못 꿀 일이었는데, 성인이 되자마자 마이클이 독립한

어린 시절의 마이클 잭슨. 롤링 스톤 잡지에 실릴 만큼 이미 스타였다.

건 당연한 수순으로 봐야 한다. 독립한 후에도 마이클의 천재성은 여전했다. 외로움과 독립 같은 자주적 테마를 포함한 (성인) 1집《Off the Wall》은 2,000만 장이 넘는 판매고를 기록하며 그 진가를 보여준다.

하지만 세상이 다시 마이클을 독기로 내몰았다. 학대를 벗어났더니 차별이 기다렸다. 그래미 메인 상에는 후보조차 되지 못했고, 롤링 스톤 잡지의 표지 모델도 거절당했다. '인종'의 벽에 가로막힌 천재는 그 벽마저 모조리 허물어버리기로 한다. "팝 역사상 최고의 앨범"을 만들겠다고, 마이클 잭슨은 그렇게 얘기했다.

1982년에 발매된 마이클 잭슨의 (성인) 2집《Thriller》를 살펴보자. 호랑이를 잡으려면 호랑이 굴에 들어가라는 말이 있듯 이번엔 백인 음악까지 폭격했다. 마이클이 쓴 세션은 매우 다채로웠다. 일단 인종이 모두 달랐는데, 〈Beat It〉에서 에디 밴 헤일런이 기타를 쳤고, 〈The Girl Is Mine〉 또한 폴 매카트니와의 듀엣이었다. 이 앨범은 본격적으로 보는 음악의 시대를 열어젖히기도 했다. 〈Billie Jean〉에서

**《Thriller》앨범 커버.
이 앨범은 역사상 가장 많이 팔렸다.**

보여준 문워크 퍼포먼스, 〈Thriller〉의 블록버스터급 뮤직비디오 등은 MTV 개국과 맞물린 신의 한수였다.

마이클은 자신의 뮤직비디오를 '필름'이라 불렀다. 이전의 '뮤직'비디오가 음악을 보완하는 도구였다면, 마이클의 뮤직'비디오'는 그 자체로 영화였다. 수록곡 〈Thriller〉는 원곡이 5분 58초인데 뮤직비디오가 13분 42초. 뮤직비디오에 맞춰 곡의 구성마저 바꿨다. 〈Beat It〉 또한 지금까지도 회자되는 화려한 군무로 유명한데, 〈Billie Jean〉까지 더해 마이클은 이 앨범에서만 세계 최고의 뮤직비디오를 세 편이나 배출했다.

당연히 그래미와 롤링 스톤을 휩쓸어버린 《Thriller》는 지금까지도 세계에서 가장 많이 팔린 앨범이다. 부끄럽지만, 어린 시절 마이클 잭슨을 백인으로 알았던 나는 이 앨범 커버를 보고서야 그가 흑인이란 걸 알았다. 마이클이 온갖 사건사고와 변화를 겪은 건 이 앨범 이후의 일이다. 변화는 왕관의 무게를 더욱 무겁게 했다.

백반증이 심해져 몸의 절반 이상이 하얘지자, 아예 전신을 하얗게 화장하기로 결정했다. 그리고 흑인의 상징과도 같은 아프로 머리 또한 더는 자라지 않아 바꿔버렸다. (둘 다 광고 촬영 도중 크게 입은 화상으로 증상이 심해졌다는 말이 있다.) 1979년 영화 촬영 때 다친 코는 수술 이후로도 상태가 안 좋아져 추가 수술을 해야 했고, 이외에도 주걱턱 성형을 하면서 인상이 완전히 달라졌다.

마이클은 어린 시절부터 아버지에게 외모와 관련한 지적을 끊임없이 받았다고 한다. 특히 코와 관련해서 인신 모독을 여러 차례 당해 콤플렉스가 생겼다고도 하는데, 원래도 코는 가장 고치고 싶던 부위였다고 한다. 마침 여러 사건이 겹쳐 성형을 감행했다고 봐도 될 것이다. 하지만 이는 끝없는 루머의 빌미가 되었다.

1987년, 5년 만에 신보 《Bad》를 발표한 마이클 잭슨의 달라진 모습은 많은 이에게 충격을 안겨주었다. 정말 백인이 되고 싶었냐는 비아냥을 받았고, 일거수일투족을 취재당하며 '기행의 아이콘'이 되기도 했다. 1989년 발매된 싱글 〈Leave Me Alone〉이 바로 그런 루머를 겨냥한 노래였다. '날 내버려두라고' 노래로 역설했지만, 마이클은 그럴 수 없는 운명이었다.

자신이 내는 음악이 모두 대박이었으니까. 동명의 수록곡 〈Bad〉를 비롯해 〈Man in the Mirror〉, 〈Smooth Criminal〉, 〈The Way You Make Me Feel〉 등이 엄청난 인기를 끌었고 루머도 그와 비례해 커져만 갔다.

마이클 잭슨은 결코 음악만으론 설명할 수 없는 사람이다. 고통

《Bad》 앨범 커버.
이 당시부터 팝의 황제라는 별칭이 붙었다.

스러운 삶마저 음악으로 치환되어 의미가 생겼기에, 음악 외적인 이야기도 짚고 가는 게 타당하다. 마이클 잭슨 하면 떠오르는 음악 외적인 키워드는 '세계 평화'와 '어린이'다.

마이클의 야망은 '최고의 뮤지션'을 아득히 넘어선 무엇이었다. '최고의 엔터테이너', 그리고 세계 평화. 자선 싱글 〈We Are the World〉의 작곡을 시작으로 각종 자선 활동을 활발하게 전개하며 사회에 영향력을 끼쳤다. 그런 자선 활동의 중심은 단연 어린이였다.

"어린이만큼은 결코 부족한 삶을 살아선 안 된다." 마이클 잭슨은 공공연히 이렇게 말했다. 팬레터도 어린이한테 오는 건 웬만하면 답장해 주었고, 그중 몇몇과는 꽤 친한 사이가 되기도 했다. 1988년 사비로 지은 '네버랜드' 또한 궤를 같이한다. 네버랜드는 어린이들의 천국이기도 했지만 본인의 천국이기도 했다. 마이클의 측근은 이런 말을 했다. "마이클은 어른의 몸을 가진 어린이"라고. 누리지 못한 동심을 성인이 된 이후에 누리고 싶어 했다. 마이클은 어린이와 스스럼없이 놀았고, 실제로 슈퍼스타라고는 믿을 수 없을 정도로 가까운 관계를 어린이들과 나누었다. 네버랜드에 초청받은 어린이와 가족의 증언은 지금도 심심찮게 찾을 수 있다. 하지만 마이클은 의도와 다르게 무수한 오해를 받을 수밖에 없었는데, 대표적인 스캔들이 바로 1993년의 성추행 소송이었다.

1991년, 한창 (성인) 4집 《Dangerous》를 발매하고 여전히 최고의 주가를 달리던 마이클. 〈Jam〉과 〈Dangerous〉 같은 뉴잭스윙 음악도 명곡이었으나, 평화와 화합에 주목한 〈Heal the World〉, 〈Black or White〉 같은 노래도 큰 인기를 끌었다.

하지만 성추행 소송이 터졌다. 경악스럽게도 자신이 친분을 쌓았던 어린이, 조던 챈들러의 친아버지가 건 소송이었다.

마이클은 1992년부터 조던과 본격적으로 친해졌다. 차가 고장 나서 들른 렌터카 회사의 사장이 바로 조던의 의붓아버지였는데, 그가 "우리 아들이 당신 광팬"이라며 마이클과 조던을 연결해 주었다고 한다. 마이클은 여느 슈퍼스타와 다르게 조던에게 정말로 전화를 했고, 이후로도 쭉 연락을 이어가는 사이가 되었다. 그리고 네버랜드까지 초청해 즐거운 시간을 보냈다.

'마이클 잭슨이 어린아이처럼 논다'는 건 악의 없는 참이었다. 하지만 어른들이 볼 땐 그렇지가 않았다. 의도는 의심받았고, 의심이 해소된 뒤에도 '이상하다'는 낙인이 찍혔으며, 그 낙인은 마이클이 죽을 때까지 계속되었다. 조던의 친아버지, 에반은 마이클의 성추행을 확신하며 마이클을 고소했다. 그리고 합의금을 요구했는데, 마이클은 이 시기부터 불면증이 더욱 심해지고 초췌해졌다.

나는 마이클의 성추문을 믿지 않는다. 수많은 관련 자료와 문헌 등을 봤지만 결국 내가 확신할 수 있는 건 법의 판단이다. 증언 하나가 나오면 반박 열 개가 쏟아졌고, 개중에는 앞뒤가 맞지 않는 증언도 있었다. 두 번째 성추문 때는 네버랜드까지 모조리 털렸지만 그럼에도 결과는 무죄였다. 판결에는 이유가 있지 않겠는가. 마이클 잭슨은 공식적으로 무죄를 인정받은 사람이다.

다시 첫 번째 성추문으로 돌아오자. 이 당시 마이클은 최대의 실수를 하는데 바로 에반과 합의를 한 것이다. 본래 끝까지 소송해 끝장을 보려 했으나 날이 갈수록 몰골이 말라가는 마이클을 보며 오히려 주변인들이 종용했다고 한다. 이후 마이클은 경찰이 따로 진행한 수사에서도 무혐의 처분을 받으며 자유의 몸이 된다. 하지만 법적으로 자유였을 뿐 대중의 편견과 오해에서 자유롭지는 못했다.

마이클은 이 사건을 기점으로 더욱 폐쇄적인 사람이 된다. 그리고 1995년에 발표한 후속 앨범 《HIStory》에서 절규한다. 수록곡 〈D.S.〉는 소송 당시 자신을 수사한 검사 톰 스네던(Tom Sneddon)을 돔 쉘든(Dom Sheldon)이라는 이름으로 비꼬는 노래다. 톰은 이후의 성추문 사건도 맡아 마이클을 여러 방면으로 괴롭혔다. 무엇보다도 마이클의 절규가 가장 잘 드러나는 곡은 〈Childhood〉다. 내 어린 시절을 본 적이 있느냐는 울분이 가사에 담겨 있다. 아무도 날 이해하지 못하겠지만, 먼저 내 성장 환경을 바라봐 달라고, 학대와 돈벌이밖에 없던 삶에서 유년기를 찾으려는 게 그렇게 잘못이냐는 외침이었다.

이후 마이클은 음악보다 논란으로 더 주목받았다. 1996년부터 1997년까지, 2년에 걸친 《HIStory》 월드 투어 이후로 마이클은 "이제 투어는 못하겠다."라는 의사를 밝혔다. 투어를 할 때마다 소모되는 에너지가 너무 크다는 이유였다. 논란에 반응한 건 대한민국 또한 마찬가지였는데, 1996년 10월 11일과 13일, 잠실 주경기장에서 열린 마이클 잭슨의 역사적인 첫 내한 공연은 종교 단체와 시민 단체의 반발에 부딪혔다. 기획사는 그간 한국에서 볼 수 없었던 전무후무한 규모의 무대를 예고했으나, 티켓 판매처들은 마이클이 '악마 숭배자'이며 '아동 성추행범'이라는 압박 탓에 하나둘씩 판매를 포기했다. 결국 내한 공연을 주도한 기획사 직원들이 직접 발품을 팔아 표를 판매했지만, 공연은 매진에 실패했다. 흥행이 부진했지만, 마이클이 크레인 퍼포먼스를 펼칠 때 관중이 난입하자 안전을 위해 그를 꼭 끌어안은 장면은 세계에서 큰 화제를 모았다.

마이클 잭슨의 월드 투어는 이 시기를 마지막으로 멈추었다. 실제로 《HIStory》 투어 이후의 공연은 모두 단발성에 그쳤는데, 1999년의 두 번째 내한 공연도 세계 평화를 위해 분단국가인 대한민국과 독일 두 국가만 찾은 자선 공연이었다. 1997년과 1998년에는 리조트 투자와 김대중 대통령 취임식 참석 건으로 한 번씩 방한하며 총 네 차례 한국을 찾았다.

음반사 소니와 갈등을 겪는 와중에 1997년 리믹스 앨범 《Blood on the Dance Floor》를, 2001년 (성인) 6집 《Invincible》을 발매했지만 이전의 세일즈에 비하면 초라했다. 거기에 두 번째 성추문이 터졌다. 이번에 마이클을 고소한 개빈 아르비조라는 소년은 본디 암환자였고, 마이클이 치료비를 댔으나 혐의를 제기한 경우였다.

21세기 들어 마이클 잭슨은 왜곡 다큐멘터리가 나오면 이를 해명하고, 혐의를 받아 법정 싸움을 벌이는 등 오로지 가십의 대상이 되어버렸다. 무죄를 받았지만 황색 언론은 그 사실을 중요하게 여기지 않았다. 파파라치가 찍은 사진을 보면, 그는 항상 양산만 쓰고 있다. 가끔 휠체어를 탄 모습이 보도되고, 성형에 관한 소식만 나돌았으며, 거기에 파산 직전이라는 소문까지 돌았다. 내가 어린 시절에 본 마이클 잭슨의 뉴스는 전부 추문이었다. 당시 나에게 마이클 잭슨은 황색 언론이 말하듯 'Wacko Jacko'(이상한 잭슨)였다.

적어도 나는, 단 한 번도 마이클 잭슨 생전에 그의 인생을 '음악적으로' 접한 적이 없었다. 아직도 TV에서 마이클 잭슨 성추문을 보도하며 그를 은연중에 괴짜로 묘사하던 모습이 생생하다. 특히나 바뀐 얼굴 탓에 나에게는 정말 '특이한 사람'이라는 인식이 있었다. 사실 한때는 무서워하기도 했다.

내 편협함은 2009년에서야 사라졌다. 6월 25일, 8년 만의 콘서트를 준비하던 마이클 잭슨이 심장마비로 세상을 떠났다. 컴백 콘서트를 18일 앞둔, 그리고 1999년 6월 25일 한국에서 세계 평화를 약속한 지 딱 10년이 지나서였다.

나는 그날 학교 컴퓨터실에서 마이클 잭슨의 죽음을 속보로 접했다. "속보, 팝의 황제 마이클 잭슨 사망"은 여러 의미로 충격이었다. 유명한 사람의 죽음은 여러 차례 봐왔으나, 메인 뉴스 최상단에서 보기는 처음이었다. 그날 영어 원어민 선생님은 마이클 잭슨의 뮤직비디오를 연달아 틀었다. 그리고 루머를 퍼뜨리던 언론은 뒤늦게 해명에 나서 고인의 명예를 추켜세웠다. 그가 우스운 사람인 줄 알았던 사람들은 그제서야 진실을 알게 되었다.

　세상은 죽은 뒤에야 인물을 온전하게 평가한다. 내가 지금까지도 품고 있는 이 믿음은 마이클 잭슨 때문에 시작되었다. 《Michael》과 《Xscape》를 비롯, 사후 앨범이 팬들의 갈증을 달래주었지만, 개인적으로는 큰 의미를 두지 않는다. 나는 생전의 작품만이 그 사람을 완벽히 대변한다고 생각한다. 마이클 잭슨, 음악을 넘어 대중문화 그 자체를 대변하는 이름이다.

PLAY LIST

- Ben
- Don't Stop 'Til You Get Enough
- Off the Wall
- Billie Jean
- Beat It
- Thriller
- The Girl Is Mine
- Bad
- Leave Me Alone
- Black or White

- *Dangerous*
- *Heal the World*
- *Childhood*

트리비아

• 4집《Dangerous》를 발매한 직후 선보인 슈퍼볼 하프타임 공연은 지금의 슈퍼볼 하프타임 공연을 있게 했다. 슈퍼볼을 전혀 몰랐던 마이클 잭슨은 "나를 모르는 사람도 나를 주목할 수 있는 무대"라는 사실에 흥미를 느끼고 자신의 무대를 초호화로 꾸몄으며, 그 결과 본 경기보다 시청률이 높은 최초의 슈퍼볼 하프타임 공연이 되었다.

이후 슈퍼볼 하프타임 공연은 매년 전 세계인의 주목을 끄는 초대형 이벤트로 탈바꿈하고, 현재까지도 최고의 가수들이 나와 최고의 무대를 선보이고 있다.

• (1990년대 초) 마이클 잭슨은《나홀로 집에》로 스타가 된 맥컬리 컬킨과도 친분을 쌓았다. 마이클이 먼저 그를 네버랜드로 초청했다고 알려졌는데, 이후 컬킨은 2005년 마이클의 2차 아동 성추행 소송에 증인으로 등장해 마이클이 어떤 성적인 행동도 하지 않았음을 증언했다.

마이클 잭슨의 스타성은 시간이 지나도 여전하다. 그런 만큼 매년 마이클 잭슨을 기념하는 물건들은 꾸준히 나오는데, 역시 2010년과 2014년에 발매된 마이클 잭슨의 사후 앨범이 가장 대표적이다.

　마이클이 기존에 녹음했으나 완성하지 못한 곡들을 묶어 발매한 2010년의 《Michael》 앨범은 대리 녹음 논란과 더불어 '급하게 발매했다'는 비판을 피하지 못했다. 2014년의 《Xscape》는 이전의 비판을 의식한 듯 더욱 높은 퀄리티로 호평을 받았다. 아티스트의 사후 작품은 당사자의 의견이 반영되지 않았기에 큰 의미를 두면 안 된다고 생각하지만, 그럼에도 마이클의 목소리를 사후에도 들을 수 있다는 건 고마운 일이다. 사후 발표곡 중 기억에 남는 곡을 골라 소개한다.

Love Never Felt So Good
(duet with Justin Timberlake)

마이클의 사후 발표곡 하면 가장 먼저 떠오르는 대표곡. 데모는 1983년에 나왔지만 2014년에야 완성되었다. 《Xscape》 앨범에는 오리지널 데모와 솔로 버전, 저스틴 팀버레이크와의 듀엣 버전이 모두 수록되어 있는데 그중 가장 히트한 건 듀엣 버전이다.

Behind the Mask

원곡은 옐로우 매직 오케스트라의 1980년 발매곡 〈Behind the Mask〉. 마이클은 본디 이 노래를 재해석해 《Thriller》 앨범에 수록하려 했으나 원작자와의 수익 배분 문제로 발매하지 못했다. 이후 에릭 클랩튼이 1987년 리메이크 버전을 발매하고, 마이클의 리메이크도 30년이 지난 2010년에서야 완성되어 세상에 등장했다.

 Slave to the Rhythm

1991년에 녹음했으나 《Dangerous》 앨범에선 누락되었고, 23년 만에 출시되었다. 2014년 5월 개최된 빌보드 뮤직 어워드에서 '페퍼스 고스트'라는 기술을 이용해 마이클 잭슨의 생전 모습을 재현한 공연을 선보였다.

너바나, 10대의 영혼 같은
냄새를 풍기며 산화하다

◄ ❚❚ ►

세대로 구분하면 분명 레트로인데, 이름을 들으면 너무나 가까운 인물들이 있다. X세대는 멀어 보이지만 오아시스의 갤러거 형제는 친근하다. 데이비드 보위 또한 1947년생이나 팬들의 가슴속에선 영원히 젊다. 이는 그들의 삶이 너무 현대적(?)이거나, 혹은 그들의 작업물이 여전히 세련되었기 때문이다.

1967년에 태어나 스물일곱의 나이에 짧은 생을 마감한 커트 코베인은 X세대를 대변하는 인물이지만, 90년대생 세대에게도 여전히 젊은 모습으로 남아 있다. 젊은 나이에 세상을 떠나서일지 모르겠지만, 커트의 패션과 스타일, 그리고 그의 영혼은 현 세대가 보아도 동떨어짐이 없다.

추종자가 많은 만큼 안티도 많다. 과소평가라는 극찬이 있는 반면 과대평가라는 비판 또한 존재한다. 커트는 다면적이고 입체적이다. 단숨에 록의 트렌드를 바꾸고 바람처럼 사라져서인지 말 그대로 전설이 되었다. 록의 신봉자로서 커트의 삶을 들여다보면, 그를 대표하는 키워드는 '모순'이었다.

커트는 어린 시절 ADHD가 의심될 정도로 활발했으나, 아홉 살 때 부모님이 이혼하면서 성격이 뒤바뀌었다. 커트는 부모님의 이혼이 마치 자신의 탓인 것처럼 마음에 큰 상처를 입고 어두워졌다. 하지만 이런 어두움은 X세대의 특성에 기인하기도 했는데, 바로 60년대를 기점으로 미국의 이혼율이 점차 올라가 80년대 초반에 정점을 찍었다는 사실이다. 50년대까지만 해도 인구 1,000명당 2.1명꼴이던 이혼율은 1980년이 되자 1,000명당 5.2명까지 치솟았다. 이미 1974년부터 연간 100만 명의 어린이가 부모님의 이혼을 목도했다고도 한다.

커트의 어머니 또한 어린 나이에 결혼했으나 돌이켜보니 자신이 이룬 게 아무것도 없다며 집을 나갔다. 커트는 엄마가 자기 때문에 떠났다는 죄책감을 짊어졌다.

커트는 이혼 이전에도 아버지가 자신을 놀리거나 체벌을 가하면 금세 의기소침해지곤 했는데, 여리고 쉽게 상처받는 성격은 이후로 커트를 대표하는 정체성 중 하나가 된다. 나중에 아버지의 재혼에 배신감을 느끼고 이복동생을 괴롭히기도 했다. 당시 상담사는 커트에게 "한가족이 필요하다."라는 결론을 내렸으나, 커트는 이후 한곳에 정착하지 못하고 부모님 집부터 친구 집까지 이리저리 떠돌았다.

게다가 스스로 목숨을 끊은 삼촌이 2명이나 있었고(다만 과장된

말이라는 커트 친구의 증언도 있다.) 학교를 가다가 목을 맨 친구의 형을 보기도 하는 등 죽음에도 익숙했다. 친구들은 커트가 죽음과 관련한 이야기를 굉장히 쉽게 꺼냈다고 회상하는데, 커트의 삶은 마치 소설 《인간 실격》의 오바 요조 같기도 했다. 학창 시절 운동도 하고, 수학 성적도 올리면서 우울증을 떨쳐냈지만 결국 자신에게 친구는 없었으며, 모든 사람이 가식적으로 느껴져서 싫었다고 커트는 말한다. 당시 주변인 또한 "커트가 사회성이나 사교성이 부족하진 않았으나 다른 친구들에 비해 상당히 조용했다."라고 증언한다.

마리화나를 건드리며 자신의 분노와 소외감을 표출할 수단을 갈구하던 커트는 본래 음악도 헤비메탈을 듣곤 했다. 그러나 펑크 록을 접한 뒤로 "이것이 바로 내가 찾아 헤매던 것"이라며 펑크 록의 신도가 된다. 이후 커트가 만드는 음악은 펑크와 헤비메탈, 그리고 커트가 듣던 팝의 요소가 모두 합쳐진 모양새를 띠었다. 커트는 나이 스무 살인 1987년 크리스 노보셀릭을 만나 '너바나'라는 밴드를 결성했다. 너바나는 불교 용어로 '열반'을 뜻하며, 모든 번뇌와 얽매임에서 벗어난 최고의 경지를 말한다.

무명 시절 커트는 여느 뮤지션처럼 성공을 간절히 염원했다. 커트는 고등학교를 자퇴하고, 동시에 여러 직업을 전전하며 누구보다 안정적인 삶을 원했다. 음악은 자존심이 아닌 생계 문제였으며, 커트는 최대한 많은 곳에 데모 테이프를 보내 자신을 어필했다. 인디 레이블 서브팝과 계약한 뒤 첫 싱글 〈Love Buzz〉(쇼킹 블루의 〈Love Buzz〉

를 리메이크)를 발표했을 때는 싱글을 라
디오 방송국에 보내고 곡을 직접 신청한
끝에 결국 라디오에서 자신의 음악을 들
었다고도 한다.

커트는 너바나 1집 《Bleach》에 자
신의 경험담과 감성을 고스란히 담아냈
다. 1번곡 〈Blew〉는 커트 코베인이 어린 시절부터 겪어온 공포와 초
조함을 표현했는데, "당신만 괜찮다면 나는 떠나고 싶다. 숨 쉬고 싶
다."라는 가사가 있다. 3번곡 〈About a Girl〉은 커트가 당시 여자 친
구인 트레이시를 위해 쓴 곡이며, 가사에는 일도 안 하고 음악만 하는
커트를 닦달하는 여자 친구와의 감정싸움이 녹아 있다. 그러면서도
트레이시에게는 끝까지 이 사실을 숨겼다. 4번곡 〈School〉은 당시
자신이 몸담은 시애틀의 그런지 신(scene)을 자신의 학창 시절에 비
유한 곡이다. 커트는 음악 업계도 학교와 같이 모순이 판친다고 느꼈
고, 이를 "너는 다시 학교에 있다."라는 가사로 표현했다. 추후 수록
된 12번곡 〈Big Cheese〉는 서브팝을 향한 불만을 표출한 곡이었다.

서브팝은 한때 사운드가든과 머드허니가 몸담기도 했을 정도로
그런지 신에서 상징적인 레이블이었으나, 막상 커트는 자신의 작품
에 너무 간섭하고 지원도 거의 없다며 불만이 가득했다. 서브팝을 빠
져나오려 안간힘을 쓰던 커트는 결국 자신이 오프닝 공연을 뛰어주
던 소닉 유스를 따라 게펜레코드로 이적했다. 건즈 앤 로지스를 슈퍼

스타로 만든 그곳에서 너바나는 날개를 폈다. 이때쯤 데이브 그롤을 영입하며 여러 차례 바뀌던 드러머 자리도 안정을 찾아 너바나는 3인조 전형을 갖추었다.

커트는 메이저 레이블인 게펜레코드와 계약을 맺은 이후에도 자기 의심과 불안에 시달렸고, 원인 미상의 복통까지 안고 살았다. 전 여친 트레이시는 커트가 토할 것 같다는 말을 자주 했으며, 병원

게펜레코드와 계약하면서 3인 체제를 갖춘다.

에도 가봤지만 소용이 없다고 말했다. 커트는 고통을 잊기 위해 약을 시작했으나 나중에는 약에 점차 중독되었고, 결국 몸도 안 낫고 마약에도 중독되는 이중고에 시달렸다. 다만 이는 선후 관계가 바뀌어, 약을 했기 때문에 복통에 시달린 것이라는 설도 있다.

너바나의 2집이자 메이저 데뷔 앨범 《Nevermind》는 이런 배경에서 발매되는데, 이 앨범의 첫 싱글은 〈Smells Like Teen Spirit〉이었다. 〈Smells Like Teen Spirit〉을 처음 전국으로 송출했던 MTV 프로그램 《120 minutes》의 호스트 데이브 켄달은 이 곡이 "격한 분노와 우울감, 그리고 슬픔을 한데 모아놓아 나를 감동시켰다."라고 했다. MTV의 헤비 로테이션에 들어간 이 곡의 뮤직비디오엔 아나키즘을 상징하는 서클 A 로고와 커트의 옛날 직업이었던 학교 청소부가 중간중간 등장하는 등 곳곳에 볼거리가 숨어 있다. 노래 이름은 '자신한테서 틴스피릿 냄새가 난다'는 낙서를 보고 영감을 얻어 만들었는데, 막상 '틴스피릿'이 데오드란트를 의미하는 줄은 꿈에도 몰랐다고. 그러나 〈Smells Like Teen Spirit〉은 결국 10대들의 송가가 되며 '이름값'을 했다.

〈Smells Like Teen Spirit〉은 X세대, 나아가 90년대를 상징하는 곡 중 하나가 된다. 커트는 자신의 일기에 이런 말을 적은 적이 있다. "우리 부모 세대, 즉 베이비부머 세대는 사회를 바꿀 수 있었지만 미디어와 정부의 방해 공작으로 여피 위선자가 되고 말았다."

노래를 부른 당사자의 성향 때문일까. 당시 이 노래를 두고, 입맛대로 만들어진 주류 사회에 거부감을 느낀 X세대가 결집했다는 얘기부터 풍요와 화려함으로 대변된 80년대 사회에서 버려진 사람들이 폭발했다는 분석까지, 노래에 얽힌 상징성엔 여러 해석이 존재한다. 한 가지는 확실했다. 시대가 변했다는 것.

격변하는 90년대 음악에 너바나의 등장은 너무나 시의적절했다. 흐름이 언젠가 변하리란 건 확실했지만, 너바나는 적절한 시대정신과 무엇보다 '좋은 노래'를 들려주었기에 선두 주자로 올라설 수 있었다. 거기에 메이저 레이블과 계약하며 사운드 또한 정갈해졌다. 대중성까지 갖춘 것이다.

고작 몇만 장 정도를 예상했던 《Nevermind》의 판매량은 점차 상승했다. 1991년이 지나고 1992년이 밝자, 그 정도는 더욱 가팔라졌다. 4주간 1위를 차지한 마이클 잭슨의 《Dangerous》를 5위로 밀어내고 빌보드 앨범 차트 1위가 되었다. 3주 뒤, 한 차례 더 1위를 차지하며 총 2주간 1위를 기록했다. 〈Smells Like Teen Spirit〉 이외에도 〈Come as You Are〉, 〈Lithium〉, 〈In Bloom〉 등의 명곡들이 이목을 끌었다. 마치 정해진 모습을 강요하는 사회에 일침을 날린듯한 너바나의 반란에 대중은 환호했다.

앨범의 성공에 커트는 당황했다. 자신의 음악이 확대해석되는 것을 극도로 기피했고, 한 세대의 대변인이 되는 것 또한 원치 않았다. 무명 때는 너무나 유명해지고 싶었지만 유명해지자 명성을 두려워했다. 너바나의 베이시스트 크리스 노보셀릭은 이때의 커트를 두고 "나는 갑자기 유명해지고 힘들어서 술을 마셨는데, 커트는 헤로인을 했다."라고 말했다.

스타덤 이후의 커트는 모든 것이 모순이었다. 자신도 언젠가 너바나의 가사를 '모순 덩어리'로 표현한 것처럼, 커트는 자신의 정체성을 명확하게 규정짓지 못했다. 유명해지기 싫다면서도, 한편으로는 MTV가 자신의 뮤직비디오를 덜 틀어준다고 불평하기도 했다. 한편 1992년 2월, 스물다섯 살의 나이에 코트니 러브와 결혼하며 안정을 꿈꾸었다.

커트 코베인은 태생이 록스타였다. 유명세가 싫다지만 사람들을 열광시키는 방법을 너무나 잘 알았다. 핸드싱크를 하라는 방송국에 반항해 일부러 초저음 라이브를 선보인다거나, 약에 너무 취해 건강 문제로 공연이 취소되었다는 언론에 대응해 휠체어를 타고 무대에 등장한다거나 하는 식이었다. "재벌 잡지는 여전히 재수 없다!"라는 문구가 씌인 티셔츠를 입고 롤링 스톤의 인터뷰 요청에 응하는 등 기행이 많았다. 그리고 기타 부수기는 커트의 트레이드 마크였다.

전설로 남은 너바나의
《Nevermind》앨범 커버

주류가 싫었다지만, 반항을 할수록 커트는 더욱 견고한 주류가 되었다. B사이드와 미발표곡 등을 모아 발표한 컴필레이션 앨범 《Incesticide》마저 100만 장이 넘게 팔려 나갈 정도였다.

성공 이후의 커트는 더욱 불행해졌다. 원인을 알 수 없는 복통은 갈수록 심해졌고, 언론은 가족까지 건드리며 사람을 미치게 했다. 헤로인은 고통을 더욱 가속화하여 버는 돈을 모두 헤로인에 쏟아부을 정도였다. 이 시기 커트가 구상하던 3집의 이름은 《I Hate Myself And I Want to Die》였는데, 말인 즉 "난 내 자신이 싫고 죽고 싶다." 라는 뜻이었다.

커트와 코트니는 함께 마약을 즐겼고, 이는 언론의 먹잇감이 되었다. 끝없는 악순환의 고리에 빠진 커트는 록스타의 명성을 버리려 했다. 1993년 3집은 결국 《In Utero》라는 이름으로 발매했는데, 커트는 자신에게 성공을 안겨준 이전의 사운드를 갈아엎었다. 프로듀서를 교체하고 더욱 울분에 가득 찬 앨범을 만들었다.

1번곡 〈Serve the Servants〉의 가사부터 분노를 표출한다. "10대의 분노로 보상을 받았지만 이제 나는 늙고 따분하다.", "아버지를 얻으려 부단히 노력했지만 결국 '아빠'밖에 얻을 수 없었다." 등의 내용이 포함되어 있다. 또한 5번곡 〈Frances Farmer Will Have Her Revenge on Seattle〉은 시애틀 출신의 배우 프랜시스 파머의 이야기를 다루었다. 프랜시스는 생전에 영화 스튜디오의 월권에 맞섰고, 약물로 고생하다가 나중에는 정신병원에 강제로 입원을 당해 온갖 생체 실험의 피해자가 된 배우였다. 그는 폐인이 되어 생을 마감했는데, 커트가 프랜시스의 인생을 노래에서 본인에게 투영했다고 한다.

《Nevermind》 때와는 비교도 할 수 없이 거칠어진 사운드는 무명 시절로의 회귀를 의미했다. 그러나 이 앨범은 1,500만 장이 넘게 팔리며 너바나를 더욱 독보적인 밴드로 만들어버렸다. 커트의 고통은 더 진솔한 음악을 만들었고, 그의 진솔함은 더욱 큰 반향을 일으켰다. 《In Utero》 발매 직후 진행한 MTV 언플러그드 공연은 더욱 그랬다. 어쿠스틱 공연이 처음인 커트는 극도로 긴장했고, 복통이 심해져 구토를 했다. 말 그대로 몸 상태가 최악이었다. 공연장에서도 일부러 히트곡은 피하고 거진 절반을 커버곡으로 채웠다. 그러나 언플러그드는 커트의 울적함을 극대화했다. 어쿠스틱 공연에서 분노 대신 푸념을 내뱉은 커트는 다시 한번 사람들을 열광시켰다. 당시 입은 녹색 스웨터가 무려 1억 6천만 원에 낙찰될 정노로 컬트적 인기를 끌었다.

사람들이 인식하는 커트와 커트 자신이 생각하는 커트는 너무 달랐다. 사람들에게 커트는 천재였고, 한 시대의 아이콘이었으나 커트는 본인을 천재로 생각하지 않았다. 크리스 노보셀릭의 회상으로는 거울을 보며 자신이 못 생겼다는 생각에 거의 눈물을 흘리기까지 했다고 한다. 너바나를 해체할 생각을 하며 살아보기 위해 안간힘을 쓰나, 94년 3월 한차례 약물 과용으로 쓰러진 뒤로는 (코트니는 자살 시도였다고 주장했다.) 돌이킬 수 없었다. 동년 4월에 마약을 끊기 위해 들어간 재활 센터를 탈출한 뒤 행방불명된 커트는 8일 시신으로 발견되었다. 치사량을 훨씬 넘긴 헤로인을 복용하고는 총구를 당겼다. 커트는 유서에 그간의 고통을 모두 압축해 적어두었다. 더는 관객들의 함성에 감명을 받을 수 없으며, 일곱 살 때부터 너무 쉽게 공감하는 사람들을 보며 모든 사람을 싫어하게 되었다는 고백이 적혀 있었다. 그리고 "점점 사라지는 것보다 단번에 불타 없어지는 게 낫다."라는 말 또한 쓰여 있었다. 닐 영의 〈Hey Hey, My My (Into the Black)〉의 가사를 인용한 문구였다. 신화의 완성이었다.

아내 코트니 러브를 둘러싼 타살 의혹이 여전히 존재할 정도로 커트의 죽음은 아직까지 많은 말을 낳고 있다. 커트 코베인의 너바나는 《Nevermind》가 발매된 1991년부터 그가 세상을 떠난 1994년까지 단 3년 만에 록 음악의 조류를 완전히 바꿔놓았다. 메탈이 쇠락했고, 그런지를 위시한 얼터너티브 음악이 대세가 되었다. 커트는 30년이 지난 지금까지도 대중 음악계에서 가장 신비로운 인물로 남아 있다.

PLAY LIST

- Love Buzz
- Blew
- About a Girl
- School

- Big Cheese
- Smells Like Teen Spirit
- Come as You Are
- Lithium
- In Bloom
- Heart-Shaped Box
- All Apologies
- Serve the Servants
- Frances Farmer Will Have Her Revenge on Seattle
- The Man Who Sold the World
- Where Did You Sleep Last Night

트리비아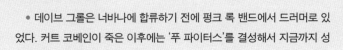

- 데이브 그롤은 너바나에 합류하기 전에 펑크 록 밴드에서 드러머로 있었다. 커트 코베인이 죽은 이후에는 '푸 파이터스'를 결성해서 지금까지 성공적인 커리어를 이어가는 중이다.
- 당시 너바나와 함께 소위 '시애틀 4인방'으로 묶이던 그런지 록 밴드는 펄 잼과 앨리스 인 체인스, 사운드가든이었다. 그러나 앨리스 인 체인스의 보컬 레인 스테일리와 사운드가든의 크리스 코넬 모두 각각 2002년과 2017년 세상을 떠났고, 현재 전성기의 모습으로 활동하는 밴드는 펄 잼뿐이다.

커트 코베인을 얘기할 때 꼭 언급되는 내용이 '27세 클럽'이다. 음악
계에 큰 족적을 남긴 천재들이 공교롭게도 만 27세에 요절하는 경우
가 많아 붙은 이름이다. 2011년에는 에이미 와인하우스가 27세에
세상을 떠나 한 번 더 언급되기도 했는데, 클럽의 창설(?)에 결정적
인 영향을 끼친 뮤지션 3명, 3J의 노래를 들어본다.

더 지미 헨드릭스 익스피리언스
– Purple Haze

지미 헨드릭스(1942-1970). 지미는 짧은 기간 전자기타의 사운드
를 완전히 새롭게 창조했다. 지미의 연주와 기타를 뜯는 퍼포먼스는
아직도 회자되며, 지금까지도 역대 최고의 기타리스트로 불린다. 사
인은 수면제 과다 복용으로 인한 질식사.

재니스 조플린
– Cry Baby

재니스 조플린(1943-1970). 거칠고 다듬어지지 않은 보컬이 더 큰
호소력을 안겨주는 60년대 로큰롤의 전설. 최고의 블루스 보컬로도

꼽히는 재니스는 목소리에 삶의 굴곡과 고난이 고스란히 녹아 있다. 선정곡 〈Cry Baby〉는 국내 CF에도 많이 등장해 익숙하다. 사인은 헤로인 과다 복용이었다.

더 도어스
– Light My Fire

짐 모리슨(1943-1971). 록 밴드 도어스의 보컬. 도어스의 대표곡 〈Light My Fire〉는 사이키델릭 록을 상징하는 곡 중 하나인데, 이후로 많은 가수가 이 곡을 커버했지만 누구도 짐 모리슨의 염세적인 보컬을 넘어서지 못했다. 곡은 3분짜리 라디오용으로 편집된 뒤 빌보드 1위에 올랐다. 사인은 헤로인 과다 복용이 의심되는 심부전.

세기말 최강 걸그룹,
스파이스 걸스

◀ ❚❚ ▶

내 정체성은 덕후다. 보이그룹, 걸그룹 가리지 않고 덕질을 했다. 보통 1세대 쪽은 보이그룹을 좋아했고, 2세대부터는 웬만한 노래를 다 들었으며, 3세대부터는 걸그룹 노래를 조금 더 선호했다.

하지만 모두가 나와 같진 않다. 보통 2세대 아이돌부터 챙긴 내 친구들은 옛날 사람 좋아하는 나를 괴이하다는 듯 바라보곤 했다. 뉴 키즈 온 더 블록, 백스트리트 보이즈, 스파이스 걸스, TLC 같은 외국 그룹이면 더욱 그랬다. 그중에서도 나를 다소 분노케 한 건 빅토리아 베컴을 향한 친구들의 푸대접(?)이었다.

모르는 이에겐 데이비드 베컴의 부인에 불과한 빅토리아. 하지만 빅토리아는 역사상 가장 위대한 걸그룹의 일원이었다. 세계에서 가장 많이 음반을 판 걸그룹으로 추정되는 '스파이스 걸스'. 이들은 걸그룹의 정의 또한 뒤집은 주인공이었다. 나는 베컴 부인 이야기가 나올 때마다 분연히 일어나 스파이스 걸스의 히스토리를 설명하곤 했는데, 스파이스 걸스에겐 미모와 가창력을 넘어선 '스피릿'이 있었다.

이야기는 90년대 영국에서 출발한다. 80년대 말, 미국의 뉴 키즈 온 더 블록이 세계를 휩쓸며 보이그룹의 시대를 열었다. 이에 자극받은 영국이 테이크댓을 조직해 유럽을 정복했다. '5인조 보이그룹'은 어딜 가나 보였다. 뉴 키즈 온 더 블록이 부른 파급효과였다.

보이그룹의 시대를 본 기획자 밥 허버트와 크리스 허버트 부자는 자연스럽게 걸그룹을 만들 생각을 했다. "시장이 뉴 키즈와 테이크댓의 아류로 가득한데, 이런 가수들은 오직 여성 구매층밖에 노릴 수가 없었다."면서. 소비층을 두 배로 늘리려면 남성 구매층도 잡아야 한다는 단순 명료한 계산이었다. 부자는 5인조 걸그룹 '터치'를 결성하려고 오디션 공고를 냈다.

그렇게 모인 멤버 5명은 각각 제리 할리웰, 멜라니 B, 멜라니 C, 빅토리아 아담스와 미셸 스티븐슨이었다. 미셸은 나중에 엠마 번튼으로 교체되었고, 훗날 터치는 이름을 '스파이스 걸스'로 바꾼다.

보이그룹과 걸그룹이 넘쳐나는 지금은 예외가 많지만, 일반적으로 그들은 기획되어 나오는 경향이 강하다. 아무리 노래 잘하고 춤 잘 춰봤자 제작자의 손바닥 안. 기다리라면 기다리고, 이 옷 입으라면 입는다. 지금은 전설이 된 그룹 god 또한, 기다리라는 소속사 사장의 이야기를 곧이곧대로 믿어 산속에서 온갖 고생을 견디고 버텼다는 이야기는 유명하다.

스파이스 걸스도 본디 허버트 부자의 계획대로 움직일 예정이었다. 당시 걸그룹은 대체로 한 명을 중심축으로 두고 나머지를 백보컬로 취급하는 형태를 취했다. 또한, 대부분은 유니폼을 입고 통일된 콘셉트로 움직였다. 스파이스 걸스도 그래야만 했다. 하지만 허버트 부자가 뽑은 다섯 멤버는 호랑이 새끼들이었고, 제작자의 의도대로 호락호락하게 움직일 생각이 없었다. '다루기' 불가능한 멤버들이었다.

멤버 멜라니 C의 말에서 그들이 범상치 않다는 걸 느낄 수 있다. "우리는 평소 서로 비슷하게 옷을 입지 않는데, 무대에서 모두 똑같은 옷을 입어보니 별로라고 느꼈다."

역할 분배도 마찬가지였다. 멤버들은 들러리가 되기 싫었다. 각

다큐멘터리에 공개된 무명 시절의 스파이스 걸스

자 개성이 있는데, 메인 보컬 1명과 백보컬 나머지로 된 구성은 싫었다. 불만이 쌓이던 멤버들은 데뷔마저 미뤄지자 쿠데타를 꾀했다. 서양 아이돌 양성 시스템은 한국과 약간 다른데, 먼저 매니저가 그룹을 키운 뒤 음반사와 계약해 그때부터 음반을 제작하는 방식을 취하고 있다. 음반사의 눈을 사로잡으려면 쇼케이스가 필요했고, 멤버들은 9개월의 합숙 뒤에 쇼케이스까지 성공적으로 마쳤다.

그러나 허버트 부자는 그룹을 곧장 데뷔시킬 생각이 없었다. 일단 매니지먼트 계약부터 맺은 뒤 조금 더 기다려보자는 태도를 취하자 잔뜩 열이 받은 멤버들은 다른 가능성을 계산했다.

'쇼케이스할 때도 반응 좋았는데, 우리가 독립해서 성공할 확률은 얼마나 될까?'

자신들의 재능을 못 알아보고, 콘셉트도 마음대로 정하는 이곳에 남을 이유는 없었다. 빅토리아는 "남이 하라는 대로 하고 싶지 않았다."라며, "우리 곡을 쓰고 싶었다."라고도 했다. 멤버들은 이후 3개월간 시간을 끌며 탈출 계획을 세웠다. 싸운 척을 하고, 시간이 필요하다며 숙소를 벗어난 뒤 그대로 잠적하는 작전이었다.

당돌한 멤버들은 작업 중이던 마스터 테이프까지 훔쳐 자신들이 간택한 매니저를 찾아갔다. 그리고 그에게 자신 있게 말했다. 우리 매니저가 되어달라고. 그 매니저가 스파이스 걸스의 성공을 이끈 사이먼 풀러였다.

당시 애니 레녹스(유리스믹스)를 관리하기도 했던 사이먼 풀러는

'페르소나의 폭발'이라는 콘셉트에 누구보다 익숙한 매니저였다. 사이먼은 허버트 부자와 다르게 멤버들에게 자신의 캐릭터를 최대한 과장해서 보여주라고 주문했다. '개성'이라는 코드를 누구보다 잘 이해하는 매니저였던 것이다. 스파이스 걸스는 일련의 과정을 통해 일반 걸그룹의 틀을 완전히 벗어났다. 누군가 말했다. 큰일은 벌여놓고 수습하는 것이라고. 스파이스 걸스는 훔친 마스터 테이프를 비롯, 허버트 부자와의 관계를 5만 달러로 청산하고, 그간 녹음했던 음악을 다듬어 세상에 내놓았다. 그 곡이 바로 걸그룹의 역사를 새로 쓴 〈Wannabe〉였다.

〈Wannabe〉는 세계에서 가장 중독성 있는 노래로 불리기도 했다. 암스테르담 대학교와 맨체스터 과학 산업 박물관이 공동 개발한

〈Wannabe〉 뮤직비디오의 한 장면

테스트에서 1위로 뽑히며 '가장 중독성 있는 곡'으로 인정받은 덕분이다. 실제로 이 노래는 멤버들의 개성을 극한으로 뽑아냈다. 유니폼도 없고 리드 보컬도 없었다. 노래 가사는 사랑이 아닌 우정을 다루었고, 멤버들이 직접 썼다. 가사에는 멤버들의 특징을 다룬 이스터 에그까지 잔뜩 들어 있었다.

사랑 따윈 우정이 없으면 의미 없다고 주장하는 스파이스 걸스의 등장은 여타 걸그룹과는 궤를 달리 했다. 등장 자체가 음악계에 던진 도전장이자 선언이었다. 스파이스 걸스는 '걸파워'를 자신들의 핵심 기치로 내세웠다.

'여성의 힘'으로 직역되는 걸파워는 스파이스 걸스였기에 진정성을 발휘했다. 멤버 5명은 컨트롤을 거부하고 뛰쳐나와 스스로 이미지를 구축했으며, 대중들에게 "수동적으로 살지 말 것"을 강조했다. 세상이 이야기하는 '여성스러움'과 완벽하게 대비되었고, 그래서 스테레오타입을 따라갈 생각도 없었다.

5명은 세상이 원하는 대로 예뻐 보일 생각이 없었다. 멜라니 C는 아예 팔에 '女力' 문신을 했고, 이는 지금까지도 멜라니 C의 상징이다. 멤버들은 자신의 개성과 친근함을 무기로 삼았고, 막내 엠마 번튼은 아예 "우리의 평범함이 다른 소녀들에게도 할 수 있다는 메시지를 심어준 게 아닌가 싶다."라는 분석을 내놓았다. 남성 팬을 노리고 만든 그룹이지만, 여자들이 끝없이 입덕 선언을 했다. 멤버들은 각기 다른 캐릭터로 자신들만의 팬덤을 확고히 구축했다. 넘치는 개성을 본 영국의 한 저널리스트가 멤버별로 호칭을 하나씩 붙여줄 정도. 빨간 머리의 '진저', 카리스마의 '스케어리', 활동적인 '스포티'와 우아한 '포쉬', 막내 '베이비'가 그것이다. 그룹만이 아닌 개인의 기믹 또한 잘 구축한 셈이다. 그룹 스파이스 걸스는 각기 다른 개성의 종합체였다.

걸그룹의 정의를 깨버린 스파이스 걸스는 1집으로만 2,300만 장가량의 판매고를 기록했다. 〈Say You'll Be There〉, 〈2 Become 1〉 등의 곡이 히트를 견인했는데 〈Say You'll Be There〉의 뮤직비디오는 당시 맨체스터 유나이티드 소속 선수인 데이비드 베컴의 혼을 빼났다. 전사 콘셉트의 멤버들이 등장하는 뮤직비디오에서 라텍스 캣수트를 입고 출연한 빅토리아가 베컴은 마음에 들었다. 빅토리아 아담스는 1년 뒤 베컴을 만났고, 후일 빅토리아 베컴이 되었다.

〈2 Become 1〉에서는 피임의 중요성을 강조하며 '걸파워' 메시지를 여기저기 설파했다. 하지만 스파이스 걸스가 고결하게 메시지만 보여주는 그룹은 아니었다. 1997년 한 해에만 광고로 3억 파운드를 넘게 벌며 상업성을 입증했다. 전 세계 방방곡곡을 쉼 없이 돌며 잠시 한국을 방문하기도 했는데, 제리 할리웰은 한 달에 비행기를 무려 70번 탔다고 증언하기도 했다. 1년 만에 발매한(미국 기준으로는 9개월) 2집은 멤버들이 주연한 영화 〈스파이스 월드〉의 사운드트랙을 겸했으며 마찬가지로 성공했으나, 점차 진정성을 의심받았다. 황색 언론이 달라붙었고, 호기로웠던 멤버들 또한 유명세의 부작용에 시달렸다. 특히 리더 역할을 한 제리 할리웰이 그랬다.

제리 자신은 스트레스로 폭식증에 시달렸지만, 반대로 멜라니 C와 빅토리아에겐 매일 식단 관리를 지시하는 등 멤버들 사이에서도 균열이 일어났다. 이후 자신들의 특징인 능동성을 발휘, 살인적인 스케줄을 주도한 매니저 사이먼을 해고하지만 이번엔 성공적이지 못했다. 나이 스물의 멤버들이 컨트롤하기에 이미 그룹은 너무 커졌다.

자신들의 이미지를 유지하려던 멤버들은 사소한 일 하나에도 심한 스트레스를 받았고, 제리는 유방암의 위험성을 알리는 자신의 인터뷰를 멤버들이 가로막자 참아온 분노가 폭발했다. 잠적한 뒤 미디어를 통해 탈퇴를 선언했고, 이후 나온 〈Goodbye〉는 스파이스 걸스의 마지막을 알리는 곡이 되어버렸다.

〈Goodbye〉가 발매된 1998년까지가 스파이스 걸스의 전성기였다. 제리가 탈퇴한 이후, 빅토리아와 멜라니 B는 임신하고, 멜라니 C조차 솔로 활동을 생각하는 등 그룹이 제대로 돌아갈 수가 없었다. 스파이스 걸스는 2000년에 발매된 3집《Forever》를 마지막으로 활동을 중단했다. 짧은 역사를 쓰고 사라진 스파이스 걸스였지만, 그 영향력은 데뷔 30년이 지난 지금도 유효하다. 이후 멤버들은 솔로 활동으로 최소 한 곡씩의 UK 차트 1위곡을 배출하나, 빅토리아 베컴만큼은 예외였다. 앨범 1장을 마지막으로 솔로 활동을 그만두었다. 본인에게 가수는 맞지 않았다는 말과 함께. 현재는 패션 디자이너의 삶을 살고 있다.

　오랜 시간이 지난 2007년, 제리를 포함한 다섯 멤버는 컴백을 발표하고 일회성 월드 투어를 진행했다. 단 석 달의 공연으로 7,000 만 달러를 벌어들이고, 2012년 런던 올림픽 폐막식에서 다시 한번 뭉쳤다. 2019년에는 빅토리아를 제외한 4명이 짧은 투어를 돌았는데, 이 투어가 현재까지는 스파이스 걸스의 마지막 흔적이다.

　90년대 후반 결성된 한국의 걸그룹은 5인조면 스파이스 걸스, 3인조면 TLC의 영향을 받았다고 할 정도로 그들의 영향력은 막강했다. 꼭두각시를 거부하고 스스로 길을 개척한 아이돌의 이야기는 예나 지금이나 흔치 않다. 그리고 그런 아이돌이 세계 최고가 된 이야기는 더욱 흔치 않다. 스파이스 걸스는 그런 면에서 특별하다.

PLAY LIST

🎵 *Wannabe*

🎵 *2 Become 1*

🎵 *Say You'll Be There*

🎵 *Who Do You Think You Are?*

🎵 *Spice Up Your Life*

🎵 *Stop*

🎵 *Viva Forever*

🎵 *Goodbye*

트리비아

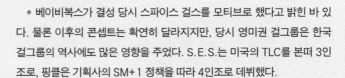

• 베이비복스가 결성 당시 스파이스 걸스를 모티브로 했다고 밝힌 바 있다. 물론 이후의 콘셉트는 확연히 달라지지만, 당시 영미권 걸그룹은 한국 걸그룹의 역사에도 많은 영향을 주었다. S.E.S.는 미국의 TLC를 본떠 3인조로, 핑클은 기획사의 SM+1 정책을 따라 4인조로 데뷔했다.

2012년 런던 올림픽 폐막식에서 '5분짜리 재결합'을 한 스파이스 걸스. 팬들의 반응은 뜨거웠다. 등장 당시 트위터에서 1분 만에 11만 6천 트윗을 기록하며 올림픽 기간 그 어떤 이벤트보다도 높은 트윗 수를 기록했다.

영국은 스파이스 걸스 이외에도 자국의 올스타 가수를 총출동시키며 런던 올림픽 개폐막식을 빛냈는데, 폐막식만 봐도 영국 팝의 역사가 대강 보일 정도였다. 개폐막식에 등장한 영국 가수들의 면면을 당시 영상과 함께 살펴보도록 하자. 여기 소개한 가수 외에도 더 후, 애니 레녹스, 펫 샵 보이즈, 매드니스, 테이크댓 등의 가수들이 모두 나와 노래를 불렀다.

폴 메카트니
– Hey Jude

존 레논
– Imagine

조지 마이클
– Freedom! 90

퀸, 제시 제이
– *We Will Rock You*

 에드 시런, 닉 메이슨
– *Wish You Were Here*

 스파이스 걸스
– *Wannabe & Spice Up Your Life*

 비디 아이
– *Wonderwall*

 뮤즈
– *Survival*

 원 디렉션
– *What Makes You Beautiful*

현대 아이돌의 시작,
뉴 키즈 온 더 블록

◀ ❚❚ ▶

어릴 적 나는 대외적으로 록 덕후였으나 사실 아이돌 덕질을 병행했다. 가까운 지인들은 시시각각 변화한 복고맨 최애의 역사를 꿰고 있는데, 예나 지금이나 덕후들의 마음을 뺏는 우상은 존재하기 마련이다.

아이돌(idol)은 '우상'이란 뜻이다. 겉으로는 모두의 영웅이지만 그들도 사람이고 고통을 겪는다. 현대 아이돌의 개념을 정립했다는 5인조 보이그룹, 뉴 키즈 온 더 블록(이하 NKOTB)의 이야기를 알아보자. 아이돌 산업의 역사는 NKOTB 이전과 이후로 나뉜다.

이전에도 아이돌이 없지는 않았다. 이미 몽키즈(The Monkees) 같은 기획형 그룹도 있었고, NKOTB 탄생 직전인 80년대 초반에도 흑인 5인조 보이그룹인 뉴 에디션(New Edition)이 데뷔해 활동하고 있었다. '10대들을 위한 틴에이저 그룹', 이 아이디어를 생각하고 실행에 옮긴 사람이 바로 뉴 에디션을 조직한 프로듀서 모리스 스타였다.

모리스는 수익 분배 문제에 얽혀 자신이 키운 뉴 에디션과 금방 결별하고 만다. 이후 자신의 노하우를 한 단계 개선해 새로운 보이그룹의 조직에 나서는데, 이 계획의 핵심은 바로 인종을 바꾸는 것이었다. '뉴 에디션이 백인이었으면 지금보다 스무 배는 더 성공했을 것'이라는 생각이었다. 그래서 초기 모리스가 구상한 NKOTB는 '인종 차별을 마주하지 않을 뉴 에디션'이었다.

모리스는 자신이 살던 도시 보스턴에서 데뷔할 소년들을 찾았고, 도니 월버그를 시작으로 차례차례 멤버들을 모집하며 5인조 백인 보이그룹을 완성했다.

NKOTB는 완벽한 그룹이었다. 멤버들은 각기 다른 매력을 선보였고, 마지막에 합류한 열세 살짜리 멤버 조이 맥킨타이어는 모리스가 '잭슨 5 시절의 마이클 잭슨'을 떠올리며 영입했다. 도니가 쓴 가사에서 따온 '뉴 키즈 온 더 블록'을 그룹 이름으로 정하고, '뉴 에디션의 음악을 그대로 옮겨온다'는 사명하에 1집《New Kids on the Block》을 발매했다.

NKOTB 1집 앨범 커버

1집은 훗날 역주행으로 10대들의 마음을 녹이지만 이때는 아니었다. 판매량은 모리스의 기대를 크게 밑돌았으며, 싱글 성적 또한 처참했는데, 이는 모리스의 실수 탓이었다. NKOTB의 노래는 빌보드 R&B 차트로 분류되었는데, 1집의 대표곡인 〈Didn't I (Blow Your Mind)〉도 흑인 소울 그룹 델포닉스(The Delfonics)의 원곡을 리메이크한 작품이었다. 이는 곧 NKOTB가 먼저 흑인 소비층의 인기를 다진 뒤에 전 인종을 사로잡는다는, 말 그대로 뉴 에디션의 전철을 그대로 밟은 것임을 의미했다.

하지만 'R&B 음악하는 백인들'에게 흑인들은 심드렁한 반응을 보였고, '흑인들의 마음을 사로잡는다는' 첫 단계부터 실패했으니 2단계로 돌입조차 할 수 없었다. 모리스는 음반사에 싹싹 빌어 기회를 한 번 더 얻었고, 2년 뒤인 1988년이 되어서야 2집《Hangin' Tough》를 발매했다.

이번에도 R&B였다. 같은 실수를 반복한 NKOTB의 혈을 뚫어준 건 플로리다의 '팝' 라디오 방송국이었다. NKOTB의 노래가 백인

NKOTB 2집 앨범 커버

들 사이에 퍼져 나가자 인기가 폭발적으로 상승했다. 그리고 정말 모리스가 장담한 대로 뉴 에디션보다 스무 배 가까운(?) 인기를 누리게된다. 2집은 빌보드 앨범 차트 1위를 비롯, 수록곡 4곡을 빌보드 싱글차트 3위권 안에 올리며 아이돌의 힘을 전 세계에 증명한다.

　NKOTB를 보는 10대들의 반응은 열광 그 이상이었다. 지금처럼 아이돌이 많지 않던 80년대 말, NKOTB는 무주공산인 10대 시장을 그대로 파고 들어가 절대자로 군림했다. 이 시장은 생각보다 더욱거대한 블루오션이었다.

　NKOTB 이전에는 많은 음반 제작사가 10대의 구매력을 무시해왔다. 10대는 돈을 버는 세대가 아니었고, 그 결과 수많은 틴팝 가수들은 기성 세대에게도 동생 같은 귀여움을 어필했다. 하지만 NKOTB

1989년 뉴 키즈 온 더 블록 멤버들의 모습

는 오빠 그 자체였다. 10대들은 생각보다 구매력이 좋았고, 돈이 없으면 몸으로라도 때우면서 진짜 '덕질'이 무엇인지 증명했다. 돈이 없으면 용돈을 받으면 될 일이고, 용돈이 없으면 부모님을 조르면 될 일이었다. 10대들은 시간이 많았고, 덕질을 실현할 에너지도 넘쳤다.

NKOTB가 거둔 성공은 MTV의 전성기와도 맞물린 면이 없지 않았다. 70년대까지 음악은 듣는 것이었지만 MTV가 개국한 80년대 이후 음악은 '보고 듣는 것'으로 변화한다. 가수에게 음악 이외의 부가 조건이 생겼고, NKOTB는 그런 의미에서 진정한 첫 번째 아이돌이 될 수 있었다. 버블 같은 실시간 소통 서비스도 없던 시절, NKOTB는 팬들의 일상에 침투할 방법으로 굿즈를 선택했다.

티셔츠를 비롯해 도시락, 시리얼 등 각종 상품에 자신들의 얼굴과 이름을 인쇄해 덕심을 자극했고, 결과적으로 공연 수익보다 부가 수익을 훨씬 더 많이 벌어들이는 그룹이 되었다. 어디를 가도 멤버들의 얼굴이 보였고, 멤버들은 10대들의 '우상'이자 '친구'로 거듭났다. 하지만 그들도 전례 없는 인기에 조금씩 불안함을 보인 건 여느 가수와 다를 바 없었다.

가는 곳마다 사생팬이 있고, 호텔 앞에서도 진을 치고 앉아 있으며, 창문만 열어도 팬들이 지켜보는 일상을 멤버들은 극복하기 어려워했다. 나이가 어린 만큼 더욱 그랬다. 3집《Step by Step》이 발매되자 그 인기에 다시 한번 가속이 걸렸고, NKOTB는 1991년에 굿즈로만 4억 달러를 벌어들이며 거대한 기업이 된다. 하지만 그 말은 멤버

NKOTB 3집 앨범 커버

들과 팬들 사이에 틈이 벌어지고 있다는 뜻이기도 했다.

공연장이 커질수록 팬과의 소통 기회는 줄어갔으며, 팬들은 멤버들을 보려고 몸싸움을 하다가 구급차로 실려가기 일쑤였다. 1992년 내한 공연이 이를 잘 보여주는 사례 중 하나다.

1992년 2월 17일, 뉴 키즈 온 더 블록의 내한 공연이 올림픽 공원 체조 경기장에서 개최되었다. 한국에서도 NKOTB의 인기는 폭발적이었고, 주최사는 공연장 정원보다 6천 명이나 더 많은 인원을 쑤셔 넣었다. 스탠딩 혹은 의자가 설치되어야 할 플로어 구역을 방석만 깔아둔 채 방치하다시피 했다.

관객들은 멤버들을 보려고 몰려들었다. 그 결과 압사자 1명이 발생했고, 70명이 응급차로 후송되었다. 멤버들은 다음 날 이 사실을 알고 큰 충격을 받았는데, 이 공연은 공연장에서 안전 관리가 얼마나 중요한지 설명해 주는 예시가 되었다.

NKOTB의 내한 공연은 1969년 클리프 리차드, 1980년 레이프 가렛 내한 공연과 함께 아직까지도 대한민국 역사에서 가장 강렬했던 공연으로 꼽힌다. 한국의 많은 기성 세대가 이 사태를 두고 각기 다른 의견을 내놓았다. 10대의 집단 광기로 매도하는 이가 있는가 하면, "어른들이 자성해야 한다."라는 의견도 있었다. 한편으로는 한국에서도 10대 그룹이 먹히겠다는 확신에 찬 어른도 있었다. 바로 SM의 이수만 회장이다. 이수만 회장은 NKOTB를 벤치마킹하여 5인조 보이그룹 H.O.T.를 결성했다. NKOTB는 한국 가요계의 패러다임 변화에도 지대한 영향을 끼친 그룹인 것이다.

본론으로 돌아가, 1991년과 1992년은 NKOTB 멤버들에게 고난의 시기였다. 멤버 도니는 상자 속의 삶을 버티지 못해 파티를 벌이고, 보드카를 집어던졌다가 방화 혐의로 기소되는 등 인기의 어두운 면을 경험했다. 립싱크 논란에 다시 한번 홍역을 치르고, 멤버들은 육체적으로나 정신적으로나 녹초가 되었다. 투어 이후 멤버들은 프로듀서 모리스 스타와 결별하며 휴식기를 보내고, 아이에서 어른으로 나아갈 준비를 했다.

뉴 키즈 온 더 블록이 4집《Face the Music》을 발매한 시점은 3집 발매 후 4년이 지난 1994년이다. 공식 팀명을 NKOTB로 바꾼 데서 알 수 있듯 이때부터는 성인 취향의 음악을 하려 했다. 하지만 퀄리티와 관계없이 음반 판매량은 이전 같지 않았다. 여기에 스타디움을 돌던 공연은 클럽 수준으로 규모가 확 줄어버렸다.

'10대들의 우상'이라는 칭호는 양날의 검과 같다. 유일무이한 존재로 굉장한 인기를 누릴 수 있지만, 그들이 성인이 되는 순간 새로운 도전을 해야만 한다. 어떤 팬은 직장인이 되고, 어떤 팬은 대학을 다니며 자신들의 우상을 잊어갔는데, 이는 무수한 아이돌 그룹이 거쳐간 과정이기도 하다. 4집 커버 사진은 앳된 1집과 비교하면 그 세월의 흐름이 온전히 느껴진다.

트렌드가 변화한 건 물론이요, 멤버들도 휴식기 없이 활동했다면 정신적으로 완전히 메말라버렸을지도 모를 일이다. NKOTB 전성기의 종말은 필연과도 같았다. 5명의 소년에게나, 팬에게나 그 시절은 화려한 불꽃이었다. 4집 발매 이후 얼마 지나지 않아 조나단이 탈퇴 선언을 하고, 잠시 4인조로 활동하던 그룹은 곧 해체했다.

해체 이후로는 솔로로 나선 멤버가 있는가 하면, 배우로 전업한 멤버도 있었다. 조나단은 부동산 개발업을 하며 아예 연예계와 멀어졌다. 멤버들이 다시 뭉친 건 2008년, 이혼을 앞둔 도니가 자신의 아픔을 극복할 목적으로 다시 한번 음악을 떠올렸기 때문이었다. 도니는 멤버들을 한데 모았고, 어색했던 멤버들은 금세 다시 뭉쳐 뉴 키즈 온 더 블록이 되었다. 그리고 지금까지 해체 없이, 조용하지만 행

NKOTB 4집 앨범 커버

복하게 활동하고 있다. 매년 크루즈 공연을 개최하고, 소소하게 투어를 돌면서 팬들의 추억을 되살리고 있다.

뉴 키즈 온 더 블록은 전례 없는 인기를 누렸고, 부작용도 온몸으로 겪었다는 점에서 이후의 모든 아이돌에게 타산지석이 되어주었다. 지금도 수많은 연습생은 우상을 동경하며, 스스로 우상이 되길 염원한다. 그러나 한편으로는 성공에 대비하고, 오래오래 행복하게 사는 연습도 한다.

최근 아이돌 그룹은 '마의 7년'을 깨고 계속 활동하는 경우가 많고, 제작자의 품에서 벗어나 셀프 프로듀싱을 하기도 한다. 아이돌 그룹은 10대의 한계를 벗어나고 있다. 팬들의 청춘을 넘어, 평생을 함께하려는 것이다. 이 또한 뉴 키즈 온 더 블록의 유산이 아닐까.

뉴 키즈 온 더 블록을 위시한 아이돌 그룹은 진정성에서 의심을 받는 경우가 많았다. 단순히 성공을 위한 상품일 뿐, 음악적 매력을 품은 아티스트는 아니라는 것이 요지였다. 내 생각은 조금 다르다. 적어도 내가 10대일 때는 아이돌만큼 설렘을 가져다준 가수가 없었다고. 그리고 지금도, 내 어린 시절의 아이돌 음악을 들으면 가슴이 두근두근하다고.

PLAY LIST

- Didn't I (Blow Your Mind This Time)
- Stop It Girl
- Hangin' Tough
- You Got It (The Right Stuff)
- Cover Girl
- Step by Step
- Tonight
- Boys in the Band (Boy Band Anthem)
- Bring Back the Time

트리비아

- 지금까지도 3대 내한 공연으로 1969년 클리프 리차드, 1980년 레이프 가렛, 1992년 뉴 키즈 온 더 블록이 꼽힌다. 세 공연 모두 소녀 팬들의 폭발적인 반응을 불러왔고, 이에 따른 기성 세대의 거부감 또한 고스란히 언론에 보도되었다.

2003년 클리프 리차드는 34년 만에 내한 공연을 했고, 레이프 가렛 또한 수차례 추가로 한국을 찾았지만, 뉴 키즈 온 더 블록의 내한 공연은 1992년이 마지막이다. 2012년, NKOTBSB라는 이름으로 백스트리트 보이즈와 함께하는 내한 공연이 예정되었으나 결국 취소되어 아쉬움을 샀다.

뉴 키즈 온 더 블록은 '뉴 에디션의 백인 버전'이다. 그러니 뉴 에디션과 관련한 이야기도 빼놓을 수 없겠다. 뉴 에디션은 1983년 데뷔 앨범을 발매, 데뷔곡 〈Candy Girl〉이 UK 차트 1위에 오르며 성공 가도를 달렸다. 음반사를 옮긴 이후에도 꾸준히 히트곡을 배출했고 80년대 내내 인기를 유지했지만, 그룹 막내가 멤버들과 불화를 일으키더니 결국 솔로 활동에 나섰다. 그 막내가 휘트니 휴스턴의 전 남편, 바비 브라운이다.

90년대에도 멤버 3명이 따로 그룹 '벨 비브 디보'를 결성하며 음악적으로 큰 족적을 남겼다. 현재는 바비와 그의 1차 탈퇴 이후 영입된 멤버 조니 길까지 합쳐 6인조로 활동 중. 그들의 대표곡을 꼽아본다.

Candy Girl (1983)

If It Isn't Love (1988)

Cool It Now (1984)

Can You Stand the Rain (1988)

금기를 깨며 끝없이 진화한
팝의 여왕, 마돈나

⏮ ⏸ ⏭

마돈나는 팝계에서 가장 많은 이야기를 만들어낸 인물이다. 1983년 데뷔 이래 약 40년간 끊임없는 구설과 논란에 시달렸는데, 그럴 때마다 강렬하게 저항하며 한 치도 물러날 생각이 없었다.

물질적인(material) 여자를 자처하며 그저 본능만을 좇는 듯했던 마돈나. 허나 40년이 지난 지금 세상은 마돈나가 원하는 대로 변했다. 비웃음을 비웃는 배포, 그리고 세상을 뒤흔들 감각을 동시에 지닌 가수는 손에 꼽는다. 마돈나에게서 시작된 파격과 도발의 역사는 곧 팝의 역사로 연결되었다. 나는 마돈나를 혁명가라 부른다. 지금은 누구나 인정하는 팝의 여왕, 마돈나의 삶은 투쟁이었다.

1958년 8월 16일생인 마돈나는 지금도 활발하게 투어를 돌며 강인한 모습을 유지하고 있다. 마돈나는 자신을 뒷받침한 강인함의 배경에 다섯 살 때 겪은 어머니의 죽음이 있다고 말한다. 당시 어머니의 임종을 지켜봐야 했던 고통이 자신을 강하게 만들었으며, 이후에도 힘들 때마다 어머니를 생각했다는 증언이다. 이후 동생들을 챙기며 삶에 책임감을 부여받았고, 타인의 관심 또한 갈구했다는 마돈나의 어린 시절은 이후 마돈나의 파란만장한 커리어를 어느 정도 부연하는 배경이 된다.

마돈나는 정말로 뜨고 싶었다. 댄서로 커리어를 시작했고, 미시건 대학에 진학했으나 큰물에서 놀라는 댄스 은사의 조언으로 혈혈단신 뉴욕에 입성했다. 그러나 얼마 안 되어 성폭행을 당하고 외롭고 고된 나날을 견뎌야 했다. 마돈나는 뜨기 위해서라면 무엇이든지 했다. 그 과정에서 알바는 물론이요, 사진 모델도 했는데 돈만 주면 누드도 마다하지 않았다. 그리고 "목소리도 좋다."라는 말을 듣고 노래를 해보기로 결심, 가수 마돈나가 탄생한다.

그러나 아무 기회나 붙잡지는 않았다. 모 프로듀서에게 스카우트되어 프랑스로 건너갔으나, 자신과 맞지 않는다는 생각에 도망치기도 하면서 주체적으로 자신의 커리어를 쌓아갔다. 마돈나는 자신이 직접 만든 데모 테이프로 사이어 레코드와 계약에 성공하며 데뷔 앨범《Madonna》를 발매했는데, 당시 나이가 만 스물넷이었다.

1집 프로듀서 중 한 명이었던 젤리빈 베니테즈는 당시 마돈나의 남자 친구였고, 마돈나는 젤리빈의 인종을 따라 수록곡 〈Borderline〉 뮤직비디오의 남자 주인공을 히스패닉으로 섭외했다. 이 뮤직비디오 또한 당시의 인종 한계를 허물었다는 평가를 받았는데, 이는 곧 마돈나가 가져올 파급력에 비하면 아무것도 아니었다.

1집에서 남자 친구의 도움을 받은 마돈나는 이후로도 수많은 염문을 뿌렸다. 마돈나에게 스캔들은 단순한 구설이 아닌 "내가 이렇게 잘났다."라는 자랑거리이기도 했다. 마돈나는 예쁘고 섹시했다. 본인은 그걸 서슴없이 드러냈지만 대중은 이를 숨기길 원했다. 당시에 여자는 조신해야 했으며, 보이지 않는 선이 존재했다.

마돈나는 이에 정면으로 맞섰다. 자신의 매력을 드러냈고 보이지 않는 선을 지워버렸다. 마돈나는 빌리 스타인버그와 톰 켈리로부터 〈Like a Virgin〉이라는 곡을 전달받는데, 이 곡이 "나답지 않다."라는 점에 큰 매력을 느꼈다. '마치 처음인 것처럼' 마음을 고백하는 순진함을 담은 노래를 발칙함의 대표 격으로 만들었다.

1984년 9월 열린 MTV 비디오 뮤직 어워드. 〈Like a Virgin〉을 부르는 마돈나는 웨딩드레스를 입고 등장해 면사포와 머리끈을 차례로 벗는다. 웨딩드레스 차림으로 바닥을 뒹굴고 면사포를 휘날리며 무대를 휘저었다. 그러더니 마지막에는 한 번 더 무대를 뒹굴다가 속옷을 드러냈다. 당시의 선을 아득하게 넘어버린 섹스어필의 정점이었다.

이 퍼포먼스를 두고 마돈나는 구두가 벗겨져서 구두를 찾으려고 한 의도치 않은 퍼포먼스였다고 회상했다. 기왕 일이 벌어졌으니 바닥을 구르고, 구두를 찾을 때 즈음엔 드레스가 말려 올라가 속옷이 드러났다는 것이었다. 계획과 우연이 반반 섞인 결과물에 시청자는 경악했다.

당시 마돈나의 퍼포먼스를 회상한 한 유튜브 댓글이 이를 잘 설명하고 있어 옮겨 적는다. "우리 엄마는 저걸 보고 미쳤냐고 했지만, 난 저걸 보고 마돈나한테 홀딱 반했다." 구두가 벗겨진 긴박한 순간을 더욱 화끈한 파격으로 덮은 신의 한수 덕에 〈Like a Virgin〉은 전 세계 차트 1위를 석권했다. 동명의 앨범《Like a Virgin》또한 〈Material Girl〉과 전 세계 발매 음반에 수록된 〈Into the Groove〉 같은 히트곡을 추가로 배출하며 마돈나의 대표작으로 거듭났다.

〈Like a Virgin〉의 뮤직비디오는 종교계로부터 신성모독 논란을 불러일으키기도 했고, 〈Material Girl〉에서는 대놓고 마릴린 먼로를 오마주하며 자신이 팝의 마릴린 먼로임을 선언했다. 본디 성모 마리아라는 뜻인 이름 '마돈나'는 이런 논란과 시너지를 일으켜 수백 가지의 해석을 유도했다.

마돈나의 행보는 모이고 모여 보수적인 성관념을 깨부수는 기폭제가 되었다. 이 시절 유출된 데뷔 전의 누드 사진을 대하는 태도

2집 앨범 《Like a Virgin》.
마돈나를 스타 반열에 올린 앨범이다.

에서도 마돈나의 배포가 엿보이는데, 마돈나는 이를 전혀 부끄러워하지 않고 오히려 라이브 에이드 등지에서 농담 따먹기로 활용했다. "오늘은 옷 입고 공연하니 아쉬워하지 마라.", "또 벗으면 언론한테 10년은 조리돌림 당할 것 같다." 마돈나는 죄를 짓지 않았다. 자신을 드러내는 것뿐이었으니, 이를 고까워할 수는 있어도 문제 삼을 수는 없었다.

마돈나의 이슈 메이킹은 교묘하고 치밀했다. 정직하게 화두를 던지기보다는 파장을 일으키며 수많은 해석과 논란을 동반했다. 1986년에 나온 3집《True Blue》는 발라드와 라틴 등 더욱 다양하고 질 좋은 음악을 선보이며 이후로도 트렌드를 놓치지 않는 마돈나 음악의 시발점이 된다. 하지만 〈Papa Don't Preach〉와 〈Open Your Heart〉의 뮤직비디오는 또 한 번 논란의 중심에 섰다. 뮤직비디오 내용이 각각 10대 소녀의 임신과 스트립 댄서의 사랑이었기 때문이다.

"아빠, 잔소리 좀 그만하세요. 저는 애를 낳을 거니까."라고 말하는 〈Papa Don't Preach〉엔 10대 임신을 조장한다는 비난이 따라왔지만, 그 반대로 아버지에 맞서 주체적으로 자기 판단을 하는 여성의 모습으로 노래를 해석할 수도 있었다. 마돈나는 이를 "남자 권력에 맞서 싸우는 내 시대정신"이라고 말했으며, 해당 노래의 발매 이후 미국에서 낙태가 줄었다는 연구 결과가 따라왔다. 〈Open Your Heart〉 또한 성을 가볍게 소비했다는 비판에 직면했지만, 이는 분명히 남성 지배적인 사회에서 선택권을 지닌 여성의 모습을 드러낸 것이었다.

당시 사람들의 눈에 마돈나의 메시지는 고결하지 않았고, 본능에만 충실해 보였다. 마돈나는 공공연히 부와 명예, 세상을 지배하고 싶다는 야망을 숨기지 않았는데, 이슈 메이킹은 이 모두를 잡는 최고의 수단이었다. 마돈나는 음악 외적으로도 숀 펜과의 결혼 생활로 꾸준히 이슈를 만들었고, 1989년에 발매한 4집 《Like a Prayer》에서도 거대한 이슈 메이킹에 성공했다.

　　동명의 수록곡 〈Like a Prayer〉는 6분짜리 대곡이었는데, 뮤직비디오에는 흑인 성상이 백인들의 죄를 뒤집어쓰는 장면과 불타는 십자가 앞에서 춤추는 마돈나가 나온다. 종교계의 거센 반발에 부딪힌 마돈나는 그럼에도 뜻을 굽히지 않았다. 같은 앨범의 수록곡인 〈Express Yourself〉는 아직까지도 마돈나를 가장 잘 표현하는 노래다. "너를 표현해라." 마돈나는 그렇게 했고, 실제로 《Like a Prayer》 앨범에는 에이즈 예방과 관련한 팸플릿도 첨부했다. "현실의 모든 면을 숨기려고만 하지 마라. 나는 실제로 있는 일을 보여주는 것뿐이고, 콘돔 사용도 권장하는 등 사회에 내가 할 수 있는 최선의 기여를 하고 있다." 마돈나의 항변이다.

　　1990년, 게이 커뮤니티에서 생긴 춤 장르인 보깅을 수면 위로 끌어올린 노래 〈Vogue〉와 마돈나의 뮤직비디오 중에서도 가장 높은 수위로 유명한 〈Justify My Love〉로 연달아 대박을 터뜨리는 등 마돈나의 성공엔 공백이 없었다. 1992년의 앨범 《Erotica》와 사진집 《Sex》를 마지막으로 노출 빈도는 줄었지만, 세상을 지배하고자 하는 야망은 여전하여 영화 출연과 사업 등 다방면으로 진출했다.

　마돈나는 한순간도 게을리 살지 않았으며, 실패는 꼭 성공으로 되돌려주었다. 네 번이나 골든 라즈베리상 최악의 여우주연상을 받았지만 (이후 한 차례 더 수상해 총 다섯 차례 수상한다.) 1996년 영화 〈에비타〉로 결국 골든글로브 여우주연상을 수상했다.

　음악적 성과도 놀라웠다.《Erotica》와《Bedtime Stories》를 거치며 한풀 꺾인 전성기를 1998년의《Ray of Light》앨범으로 부활시켰다. 기본적으로 일렉트로니카였지만 그 안에는 테크노와 트립합을 비롯, 아쉬탕가 요가를 수련하며 깨달은 '욕망과 초월'의 사운드가 모두 포함되었고, 이는 마돈나의 성공이 단순한 이슈 메이킹으로만 이루어진 것이 아님을 보여주는 증표였다. 15년간 그래미상을 하

배우로 입지를 다진 영화 〈에비타〉

2012년 브라질 공연에서 노래하는 마돈나

나만 가져갔던 마돈나는 이 앨범으로 네 개의 상을 받았고, 판매량도 전성기 수준을 되찾았다.

《Ray of Light》이전까지 마돈나의 성공은 많은 이에게 의심받았다. 《Like a Virgin》 때까지는 그저 반짝할 댄스 가수 중 하나로 여겨졌고, 이후의 성공 또한 노출과 파격으로 이룬 흥행으로 폄하되었다. 그러나 마돈나는 시류에 맞춰 자신의 음악을 변화시켰고, 똑같은 댄스 음악이지만 시대에 따라 아예 다른 곡을 선보였다.

이후 발매한 앨범 《Music》은 《Ray of Light》의 사운드를 더욱 발전시켜 다시 한번 흥행하고, 2005년에 나온 《Confessions on a Dance Floor》의 수록곡 〈Hung Up〉은 아바의 〈Gimme! Gimme! Gimme!〉를 샘플링해 신구 조화를 이루었다. 마돈나는 이후로도 트렌드를 파악하고 적응하며 여왕의 자리를 지키고 있다.

21세기에도 마돈나는 여전히 뉴스에 오르지만 이전만큼은 아니다. 십자가에 매달리는 퍼포먼스, 브리트니 스피어스와의 키스 등 몇 차례 구설에 올랐지만 시큰둥했다. 세상이 더는 마돈나의 파격에 놀라지 않기 때문이다. 수많은 후배 또한 마돈나를 따라 파격적인 행보를 한다. 지금의 팝 시장은 마돈나가 데뷔한 시절보다 훨씬 자유로운 표현을 허용한다.

파격은 마케팅 수단이 되었고, 마돈나는 음악을 넘어 사회와 문화 전반을 얘기할 때 항상 오르내리는 이름이 되었다. "너를 당당하게 표현해라."라는 마돈나의 모토는 여성계를 넘어 LGBT 문화에도 거대한 영향을 끼쳤다. 80년대의 나는 마돈나를 욕했을까, 아니면 마돈나에게 환호했을까, 가끔 상상해 보곤 한다. 쉽게 상상이 되진 않는다. 다만 2020년대에 마돈나를 바라보는 나는 마돈나가 지나온 행보에 경의를 표할 수밖에 없다.

PLAY LIST

- Holiday
- Lucky Star
- Borderline
- Like a Virgin
- Material Girl
- Into the Groove
- La Isla Bonita
- Papa Don't Preach
- Live to Tell
- Open Your Heart
- Like a Prayer
- Express Yourself
- Cherish
- Vogue

○ Justify My Love

○ Take a Bow

○ Frozen

○ Ray of Light

○ Music

○ Hung Up

트리비아

• 마돈나는 1집 프로듀서인 젤리빈 베니테즈를 제외하고도 화려한 남성 편력으로 유명하다. 숀 펜과 1985년에 결혼해 4년간 결혼 생활을 했으며, 90년대에는 인기 가수인 바닐라 아이스, 투팍과도 짧게나마 연애했다. 당시 연애 상대 중엔 농구 선수인 데니스 로드맨도 있었다.

이후 2000년 영화감독인 가이 리치와 결혼했으나 재차 8년 만에 이혼하고, 이후로도 야구 선수 알렉스 로드리게스를 비롯해 연하의 남자들과 염문을 뿌렸다.

마돈나는 음악만큼이나 퍼포먼스 비중이 높은 아티스트다. 전성기 최고의 퍼포먼스 세 가지를 꼽아 소개한다. 전설의 〈Like a Virgin〉 퍼포먼스는 본문 플레이리스트에 있어서 제외했다.

Vogue
(MTV Awards 1990)

1990년, MTV 어워즈의 마돈나는 18세기 프랑스 귀족 (혁명 직전) 의 모습을 〈Vogue〉의 공연으로 녹여내 찬사를 받았다. 해당 콘셉트는 1988년 영화 〈위험한 관계〉에서 영감을 얻었으며, 마돈나가 입은 드레스는 실제로 영화에서 글렌 클로즈가 착용한 옷이었다.

Express Yourself
(Blonde Ambition Tour 1990)

마돈나 하면 떠오르는 대표적인 무대의상 중 하나가 바로 '콘브라'다. 장 폴 고티에와 협업한 원추형 모양의 콘브라는 코르셋을 재해석해서 강인한 여성의 상징으로 만들었는데, 그 옷을 입고 부르는 〈Express Yourself〉의 의미는 남다를 수밖에 없었다.

Dress You Up
(1985 Virgin Tour)

특별한 연출이나 사연도 없지만, 스물일곱 살의 생기 넘치는 마돈나를 가장 잘 보여주는 퍼포먼스다. 〈Dress You Up〉은 《Like a Virgin》의 수록곡으로, 앨범의 마지막 싱글로 발매되어 공연 영상 자체가 뮤직비디오 역할을 한다. 빌보드 차트 5위를 기록하며 히트했다.

잭슨가 막내라는 꼬리표를 없애라!
자넷 잭슨

⏮ ⏸ ⏭

80년대 이전까지는 가족 그룹이 큰 인기를 끌었다. 대개는 부모가 자식들을 혹독하게 훈련시켜 최전선으로 내보내는 식이었다. 노래는 개인이 아닌 가족 전체를 먹여 살리는 비즈니스 그 자체였고, 집안 아이들은 직업 선택의 자유 없이 '가업'에 충실할 수밖에 없었다.

미국에서 이를 가장 잘 보여준 집안은 역시 잭슨가였다. 아버지 조 잭슨은 학대라고 할 만한 훈육으로 잭슨 5를 조직했고, 가장 큰 수혜이자 피해를 입은 아들은 역시 마이클 잭슨이었다. 잭슨 5는 하늘 높은 줄 모르고 뻗어 나갔고, 조 잭슨은 더 큰 욕심을 냈다. 막내인 자넷에게 가수 생활을 시킨 것이다.

아홉 남매의 막내이자, 역사상 최고 팝스타의 동생. 자넷의 가수 생활은 처음부터 여러 족쇄에 묶일 수밖에 없었다. 잭슨이라는 이름은 자넷에게 영광이었지만, 한편으론 언제나 다른 형제들과 비교될 수밖에 없는 멍에를 지우기도 했다. 내가 자넷의 삶에 더욱 주목한 이유다. 자넷은 유명한 형제들 사이에서 '자넷'이라는 자신의 이름으로 살아남는 데 성공했다. 팝 시장에 지대한 영향을 끼치며 자신의 아이덴티티를 완성했다.

1966년생, 마이클보다 8년 늦게 태어난 자넷은 어릴 적부터 맞아가며 연습하는 오빠들을 보고 자랐다. 형제들은 당시를 "그저 시키는 대로만 하던 시절"이라고 회상했는데, 결국 모타운과 계약해 '잭슨 5'라는 이름으로 빌보드 1위 가수가 되었다. 아버지이자 매니저였던 조 잭슨은 '가족 전체가 나오는 쇼'를 하자는 제안을 받고 고심 끝에 수락했는데, 이를 계기로 자넷 잭슨은 가수 생활을 시작했다.

잭슨 5의 일원이었던 티토는 "다른 남매들도 출연할 수 있다는 사실"이 쇼를 시작한 결정적인 이유가 되었다고 밝혔다. 자넷은 "누구도 나한테 쇼에 나갈 의사를 물은 기억이 없다. 거기에 투입된 기억만 난다."라고 이야기했는데, 이는 자넷이 쇼 비즈니스에 종사할 수밖에 없는 운명이었음을 보여준다.

자넷도 마이클과 다름없이 평범한 어린 시절을 향한 환상을 품을 수밖에 없었다. 처음 쇼에 나간 게 만 7세 때였으니 당연했다. 하루 두 번씩 공연에 나가고, 무대 뒤에서는 스트립쇼 같은 라스베가스의 퇴폐적인 문화를 접해야 했다. 그리고 아버지의 등쌀에 밀려 배우생활을 시작했다가, 우연찮게 자넷이 노래하는 소리를 들은 아버지에게 가수 생활 또한 시작할 것을 권유받았다. 연기와 대학 진학을 꿈꿨던 자넷의 인생은 이 순간 가수로 굳어졌다.

'잭슨'이라는 브랜드 파워는 모든 것을 손쉽게 했다. 자넷은 너무나 쉽게 계약을 하고, 너무나 쉽게 데뷔 앨범을 냈다. 자넷은 남이 써준 곡을 부르기만 했고, 모든 콘셉트는 아버지와 음반사가 정했다. 자넷은 '잭슨'이라는 이름을 빼길 원했지만, 막상 결과물은 잭슨 5의 색채를 크게 벗어나지 않은 앨범이었다.

자넷 잭슨의 데뷔 앨범 《Janet Jackson》은 빌보드 앨범 차트 63위, 전 세계 판매량 30만 장을 기록하며 '잭슨'의 이름값에 걸맞지 않은 성과를 거두었다. 이후 앨범에는 잭슨가 형제들과 조르조 모로더가 참여하고, 클리프 리차드와 듀엣을 하는 등 빵빵한 지원사격을 받았지만 결과는 더 나빴다.

이 시절 자넷은 꿈을 펼치기에 미약한 소녀였다. 하지만 그 누구보다 '잭슨'이 아닌 '자넷'이 되길 간절히 원하고 있었다. 당시 출연한 드라마 《페임》의 촬영장에서 매우 조용했다고 전해지지만, 뒤로는

자넷 잭슨 1, 2집 앨범 커버

아무에게 알리지 않고 결혼 생활을 했을 정도로 (자넷의 첫 번째 결혼은 1년 만에 끝난다.) 자넷은 갈망에 차 있었다.

먼저 독립해 성공한 마이클 또한 어릴 적부터 자넷에게 "포기하지 말고, 네가 하려는 일에 자신감을 가져라."라고 조언했다고. 자넷은 삶의 주도권을 잡고 싶었고, 그 결과 1984년에 나온 2집을 마지막으로 아버지를 해고했다. 그리고 두 프로듀서를 소개받아 함께 3집 작업에 돌입하는데, 그들이 바로 지미 잼과 테리 루이스였다.

자넷의 한계를 깨는 건 오롯이 자넷 자신이어야만 했다. 지미와 테리는 자넷에게 꾸준히 용기를 북돋았다. "너는 네가 생각하는 것보다 강한 존재"라면서. 둘은 차츰 자넷의 마음을 열고 음악에도 제한을 두지 않았다. "자넷은 마치 텅 빈 캔버스 같았기 때문에" 어떤 칠이라도 시도해 볼 수 있었다는 것이다.

지미 잼과 테리 루이스, 여기에 안무가로 섭외된 폴라 압둘의 지원에 힘입어 제작한 3집에서 자넷은 자신의 이야기를 담았다. 3집 이름이 《Control》인 이유다. 인생의 주도권을 잡은 자넷은 '잭슨'의 재능을 뽐내면서도, '자넷'의 아이덴티티를 만드는 데 성공했다.

1986년 발매한 《Control》은 뉴잭스윙의 시초 격으로 꼽히는 앨범이다. 〈Nasty〉와 〈Control〉 같은 노래들이 힙합과 R&B, 펑크를 모두 조합해 새로움을 선사했는데, 이는 백색의 도화지 같았던 자넷이었기에 소화할 수 있는 사운드였다. 자넷은 자신을 스토킹하고 희롱하던 남자들을 봤을 때의 감정, 독립했을 때의 해방감 등을 앨범에

자넷 잭슨 3집 앨범 커버.
이전과 비교하면 '잭슨'이라는 글자가 작아졌다.

그대로 옮겨놓았다. '자주성', '당당함'은 자넷을 대표하는 키워드가 된다. 3집은 빌보드 앨범 차트 1위를 차지하고, 싱글 차트에서도 1위에 오른 〈When I Think of You〉를 포함해 무려 다섯 곡을 5위 안으로 진입시키는 기록을 세운다. 이것마저 안되면 대학 가서 공부를 해야겠다던 자넷은 단숨에 슈퍼스타가 되었다.

자넷과 마이클은 커리어에서 제법 비슷한 굴곡을 보였다. 아버지의 관리하에 앨범을 내다가, 독립하고 낸 첫 앨범에 자주적인 테마를 담고, 성공한 이후로는 앨범에 사회적인 메시지를 담는 흐름이 비슷하다. 자넷은 스스로 3집을 "성인이 되어가는 첫걸음" 그리고 4집을 "자신감 있는 어른으로서 선택할 수 있던 시기"라고 표현했는데, 결국 사회 문제를 음악적으로 모두 포용한다는 의미에서 4집의 이름으로 '리듬 네이션'을 선정한다. 말 그대로 리듬의 나라, 리듬으로 우리 모두 하나가 될 수 있다는 범우주적(?) 메시지였다.

정확히는 《Janet Jackson's Rhythm Nation 1814》라는 제목으로 1989년 발매한 자넷 잭슨의 4집은 한 단계 발전한 모습을 보여주며

《Rhythm Nation》앨범 커버

민감한 주제를 매끄럽게 소화했는데, 그중 가장 주목할 만한 건 역시 수록곡 〈Rhythm Nation〉의 안무였다. '리듬 네이션'의 군대가 일사불란하게 리듬에 맞춰 춤을 추는 모습은 당시로선 획기적인 규모의 칼군무였다. 오빠 마이클 잭슨의 춤에 영감을 받아 허락받고 가져왔다는 이 군무 또한 자넷의 상징이 되었으며, 〈Rhythm Nation〉을 포함 무려 일곱 곡을 빌보드 차트 5위 안에 진입시키면서 갖가지 기록을 새로 써내려 갔다. 《Janet Jackson's Rhythm Nation 1814》는 1990년 미국에서 가장 많이 팔린 앨범이 되었고, 잭슨가로선 마이클 잭슨의 《Thriller》에 이은 6년 만의 쾌거였다. '연간 가장 많이 팔린 앨범'의 자리를 남매가 각기 다른 해에 차지한 최초 기록이자 아직까지도 유일한 기록이다.

1991년엔 새 음반사와 무려 4,000만 달러짜리 계약을 해서 당시 최고액 기록을 경신했고, 자넷은 1993년에 나온 5집에서 아예 잭슨이라는 이름을 빼버렸다. 《janet.》으로 발매된 앨범은 음악부터 차분한 R&B로 변했고, 이제는 사랑과 같은 내면 감정을 탐구했다. 강렬한 댄스 이외의 음악 또한 가능함을 보여주었는데, 뉴잭스윙의 유행이 차츰 지나감에 따라 기민하게 시도한 변화이기도 했다. 그리고 역시나 많이 팔렸다. 판매량만 보면 3집과 4집보다도 더 많이 팔렸다. 이때 나이는 고작 만 27세. 오빠와는 완전히 다른 방법으로 자신의 살길을 개척해 나간 셈이다.

하지만 그럼에도, 자넷과 마이클은 '잭슨'이란 이름으로 묶인 공동체이기도 했다. 마이클이 펩시와 계약한 것처럼 자넷 또한 코카콜라와 광고 계약을 논의했지만, 마이클의 성추문 때문에 계약이 무산된 것이다. 이후 마이클은 자넷에게 듀엣을 하자는 의사를 먼저 전달하고, 자넷은 마이클에게 도움이 되었으면 하는 마음에 함께 〈Scream〉을 불렀다.

마이클이 시련을 겪었듯 자넷에게도 고난이 찾아왔다. 변함없이 6집과 7집을 성공시킨 뒤 8집《Damita Jo》의 발매를 앞둔 2004년 2월, 자넷은 미국 최대의 스포츠 이벤트인 슈퍼볼 하프타임 공연에 초대되었고, 이에 저스틴 팀버레이크와 함께 공연했다. 하지만 축제가 되어야 할 공연은 비극으로 끝났다. 저스틴이 자넷의 옷을 찢는 퍼포먼스를 했는데, 그만 속옷까지 같이 찢어져 맨 가슴이 그대로 드러난 것이다. 이 사건은 지금까지도 '니플게이트'라 불릴 정도로 사회에 큰 파장을 불러왔다. 당시 자넷의 가슴에 달려 있던 별 모양의 액세서리는 고의성을 의심하기에 충분했으며, 해당 사건으로 자넷이 3집부터 이어오던 빌보드 앨범 차트 연속 1위 기록은 물론이고 모든 흥행 수치가 한순간에 추락했다.

　연출과 사고 사이에서 의견이 분분한 이 사건과 관련한 자넷의 공식 입장은 그때부터 지금까지 쭉 '의도치 않은 사고'였다. 마이클은 이 사건을 두고 "이것 또한 과장된 논란이라고 생각한다. 우리가 잭슨가라서 그런 건지, 아니면 사회상 자체가 그런 건지 잘 모르겠다."라고 말했다. 그래도 자넷은 나아갔다. 2006년에도, 그리고 2008년에도 앨범을 냈다. 흥행은 이전만 못했지만, 결국 시간은 자넷의 이미지를 차츰 되돌렸다.

　2015년, 자넷은 7년 만의 신보《Unbreakable》을 발매했는데 이는 '깨부술 수 없다'는 뜻이다. 항상 노래에 자신의 이야기를 담았던 자넷이 더욱 강해져 돌아온 순간이었다. 2017년에는 저스틴 팀버레이크가 다음 해 슈퍼볼 하프타임 공연 퍼포머로 확정되자 자넷에게도 명예를 돌려달라는 #justiceforjanet 운동이 확산되기도 했다. 2019년엔 로큰롤 명예의 전당에 헌액되면서 레전드의 반열에 올랐다.

　자넷의 음악 생활 40년은 극복이라는 단어로 축약된다. 아버지로부터 벗어나는 것, 잭슨의 꼬리표를 떼어내는 것, 슈퍼볼 공연의 오명에서 벗어나는 것. 자넷의 음악도 음악이지만, 이런 극복의 역사가 크게 강조되면 좋겠다는 게 내 바람이다. 그래야 자넷의 음악을 더 깊이 이해할 수 있다고 생각한다.

PLAY LIST

- Young Love
- Don't Stand Another Chance
- Control
- Nasty
- What Have You Done for Me Lately
- When I Think of You
- Rhythm Nation
- Miss You Much
- Black Cat
- That's the Way Love Goes
- Scream(with Michael Jackson)
- Together Again

트리비아

- 유튜브의 시작은 자넷 잭슨의 '니플게이트'와 연관이 있다. 유튜브의 공동 창립자였던 자웨드 카림은 2004년 '니플게이트'와 서남아시아 쓰나미가 전 세계적인 주목을 모았음에도 해당 영상을 찾기가 쉽지 않다는 생각을 했고, 동영상 공유 사이트라는 아이디어를 떠올렸다.

마이클과 자넷 남매는 모두 슈퍼볼 하프타임 공연에서 수많은 얘깃
거리를 (좋은 의미든 나쁜 의미든) 남겼다. 이번에는 역사에 남은 슈퍼
볼 하프타임 공연들을 살펴본다. 2000년대 이전에 전성기를 누린
가수들로 꼽아보았다.

U2 (2002)

2002년 U2의 슈퍼볼 하프타임 공연은 9.11 테러 직후에 개최되어
상대적으로 숙연했다. U2는 마틴 루터 킹을 추모하며 만든 곡 〈MLK〉
와 《The Joshua Tree》의 수록곡 〈Where the Streets Have No
Name〉을 연달아 불렀다. 그리고 하트 모양의 무대에서 9.11 희생
자의 이름을 띄웠다.

프린스 (2007)

프린스가 선보인 무대는 최고의 슈퍼볼 하프타임 공연을 꼽을 때 꼭
들어가는 일종의 바이블이다. 프린스의 로고를 형상화한 무대에서

12분간 빈틈없는 구성으로 관객을 압도했는데, 이날은 공교롭게도 비까지 내렸다. 비 내리는 날의 마지막 곡 〈Purple Rain〉, 그리고 기타 솔로를 연주하던 모습은 슈퍼볼 공연을 넘어 프린스가 했던 공연 중에서도 최고의 순간으로 꼽힌다.

 마돈나 (2012)

생각보다 늦게 슈퍼볼 하프타임 공연의 주인공이 된 마돈나는 이 공연에서 이집트 여왕이 되어 〈Vogue〉를 공연했다. 당대의 히트곡인 〈Party Rock Anthem〉을 비롯, 자신의 히트곡까지 슈퍼볼 규모에 걸맞게 조합해 신구 세대를 모두 잡았다.

휘트니 휴스턴, 불운했던 영원한 디바

◀ ❚❚ ▶

힙합을 비롯해, 현재 팝의 흐름은 흑인 아티스트가 주도하고 있다 해도 과언이 아니다. 메인 스트림에서 인종의 경계가 허물어진 지는 오래되었다. 그리고 그 선명한 경계를 깨는 데 마이클 잭슨의 역할이 컸음은 두말할 필요가 없다.

80년대에 마이클 잭슨과 함께 호랑이 굴에 들어가 호랑이를 때려잡은 가수가 바로 휘트니 휴스턴이다. 팝을 모르는 사람도 '앤다이야'라는 노래 소절은 알 만큼 그녀는 최강의 팝 디바였다. 두 가수는 파란만장하고 기구한 삶을 보냈다는 공통점 또한 있다. 나 또한 어린 시절에 휘트니를 가십으로만 접했다가 훗날에 다큐멘터리와 여러 문헌을 접하고 나서야 그녀의 삶을 진지하게 다시 생각했다. 휘트니의 삶은 가족을 빼놓고 설명할 수 없다.

1963년에 태어난 휘트니는 가족이 없었다면 가수가 될 수 없었을 것이다. 아레사 프랭클린의 백보컬을 했던 어머니 시시 휴스턴은 휘트니의 재능을 진작에 알아보고, 자신의 모든 비법을 전수했다. 비단 목소리만이 아닌, 무대 매너와 쇼맨십 또한 그랬다. 어머니는 휘트니를 자신의 공연장에 데려가 모든 걸 어깨너머로 익히게 했으며, 간혹 무대에 세우기도 했다. 음악 외적으로도, 세상의 아름다운 모습만 보여주며 휘트니만큼은 '완벽한 존재'가 될 수 있도록 신경 썼다.

하지만 어머니 혼자만의 노력으로는 역부족이었다. 오빠들은 마약을 했고, 마약은 휘트니의 호기심을 자극했다. 생일 선물로 마약을 받은 날부터 마약과의 오랜 싸움을 시작했는데, 이는 어머니가 통제할 수 없는 일이었다. '가족'은 휘트니가 성공한 이후에도 인생에서 가장 중요한 존재였으나, 그만큼 많은 시련을 준 존재였다.

어머니 덕에 처음부터 완성형 보컬이었던 휘트니는 홀로 무대에 선 어느 날, 아리스타 레코드의 사장 클라이브 데이비스를 매료시켰다. 클라이브는 이전에 재니스 조플린과 패티 스미스를 키웠으며, 휘트니와 계약할 시점에도 아레사 프랭클린과 디온 워윅 등이 그의 레이블에 소속되어 있었다. 클라이브는 피부색을 가리지 않았고, 그런 만큼 대중음악 전반을 향한 이해도 또한 높았다.

휘트니와 클라이브는 1983년에 정식 계약을 했는데, 이때는 마이클 잭슨이 《Thriller》로 한창 인기몰이를 하던 시기였다. 인종 간 경계가 사라지는 기념비적인 순간에 클라이브는 한 번 더 불을 지폈다. 인종 간 음악의 크로스오버, 그 선봉장에 휘트니를 세워 성공하고자 했다. 소울을 팝에 이식하면 나올 파급력을 예측했던 것이다.

휘트니 휴스턴은 1984년 테디 펜더그래스와 듀엣을 했지만, 본격적인 데뷔를 한 해는 1985년이다. 계약 이후 2년을 데뷔하지 않고 예열한 셈인데, 이 때문에 먼저 데뷔한 또래 가수를 보며 조바심을 냈다고 한다. 하지만 1985년에 낸 데뷔 앨범은 휘트니가 조바심을 낼 필요조차 없었다는 걸 명백히 보여줬다. 휘트니는 데뷔하자마자 먼저 데뷔한 또래들을 아득히 뛰어넘어버렸다.

팝 소울로 불리는 휘트니 휴스턴의 1집《Whitney Houston》. 자신의 이름을 데뷔 앨범의 이름으로 삼았다는 것 자체가 자신감을 보여준다. 이 앨범에서만 세 곡을 빌보드 1위로 올렸고(Saving All My Love for You, How Will I Know, Greatest Love of All) 앨범의 총 판매량은 2,500만 장 정도로 추산된다.

휘트니의 1집은 여가수 데뷔 음반으로 한정하면 역대 최다 판매 기록을 세웠으며 (이는 훗날 앨라니스 모리셋이 경신한다.) 연말 빌보드 앨범 차트 1위라는 업적도 달성했다. 이는 여가수 최초의 일이었다. 80년대 이전과 80년대의 연말 차트를 비교해 보면 가장 큰 차이가

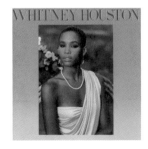

1집《Whitney Houston》앨범 커버

다양성이다. 70년대까진 흑인 아티스트가 연말 1위를 차지한 적이 10년에 한 번 꼴이었고, 그나마도 전부 남자 가수의 몫이었다. 하지만 80년대부턴 마이클 잭슨이 두 번이나 연말 1위를 차지하고, 거기에 또 한 번 휘트니 휴스턴이 왕좌를 가져오니 80년대야말로 다양성이 본격적으로 발현된 시기라 할 수 있었다. 이후 1989년엔 바비 브라운, 1990년엔 자넷 잭슨이 1위를 차지하며 휘트니가 가진 '최초의 흑인 여성'이란 지위는 더욱 중요해졌다. 휘트니는 1987년에 발매한 2집《Whitney》로 성공을 이어갔다. 팝의 색채를 노골적으로 강화한, 소위 말해 '물 들어올 때 노 젓자'는 선택이었다.

이 시기 휘트니는 앨범 두 장으로 무려 일곱 곡을 빌보드 싱글 차트 1위에 올리며 팝계에 일대 센세이션을 몰고 온 가수였다. 개중에는 R&B 넘버도 있었지만, 〈I Wanna Dance With Somebody〉와 〈So Emotional〉 같은 백인 취향의 팝도 있었다. 완벽한 휘트니였지만 그런 휘트니에게도 고민은 있었다. 정체성의 혼란이었다.

휘트니의 성공이 모든 대중을 즐겁게 한 건 아니었다. 그 성공에 야유를 보낸 건 다름 아닌 흑인이었다. 1989년, 휘트니는 흑인 음악 시상식인 소울 트레인 뮤직 어워드에 참가해 관객들의 야유를 받았다. 휘트니의 성공은 백인과의 융합이며 타협의 결과라는 비난이었다. 별명마저 '화이티'(whitey)였던 휘트니는 이때의 야유에 상당한 충격을 받았다고 한다. 그리고 같은 시상식에서 만나 연인이 된 바비 브라운의 영향도 받아, 3집부터 변화를 꾀했다.

이전까지는 '노래가 좋으면 장르는 상관없다'던 신념이 '내가 하고 싶은 음악을 하겠다'로 변한 것이다. 1990년 발매된 3집《I'm Your Baby Tonight》의 색채는 당시 흑인들이 전성기를 열어젖힌 뉴잭스윙이었는데, 휘트니의 보컬은 여느 때처럼 훌륭했지만 이전 같은 초 메가히트에는 실패했다. 고작(?) 두 곡만이 빌보드 싱글 차트 1위를 차지했다. 격동의 90년대, 경쟁자는 많아졌고 휘트니의 롱런 또한 누구도 장담할 수 없었다.

90년대의 휘트니가 발매한 정규 앨범은 3집을 제외하면 1998년에 나온 4집《My Love Is Your Love》가 전부였다. 그런데 노래를 해도 해도 너무 잘하면 얼마든지 방법은 있나 보다. 1991년 슈퍼볼 개막식에서 부른 미국 국가로 주목을 받더니, 1992년엔 영화 〈보디가

영화 보디가드의 한 장면. 비평은 별로였지만 엄청난 흥행을 거두었다.

드〉에 출연해 인생 최고의 히트를 완성한다. 〈I Will Always Love You〉라는 팝 역사에 길이 남을 사랑 노래를 남긴 것이다.

〈보디가드〉의 주인공이자 제작자이기도 했던 케빈 코스트너는 슈퍼스타를 보호하는 보디가드 역할을 맡았고, 슈퍼스타 역할로 '실제 슈퍼스타'였던 휘트니를 점찍었다. 연기 초짜였던 휘트니는 2년간 출연을 고민했으나, "내가 함께 있어주겠다."라는 케빈의 말에 출연을 결심했다. 제작진은 계약을 맺으며 휘트니에게 삽입곡 선택의 자율권까지 보장해 주었다.

이후 케빈은 휘트니에게 돌리 파튼의 〈I Will Always Love You〉를 커버하자고 제안한다. 거기에 무반주로 초반부를 채워보자는 아이디어는 덤이었다. 모두가 불안해한 아이디어였지만, 휘트니는 무반주라는 핸디캡을 되레 자신의 목소리만 돋보이게 하는 무기로 바꿔버렸다.

조지 벤슨의 〈Greatest Love of All〉과 돌리 파튼의 〈I Will Always Love You〉 등, 휘트니의 히트곡 중 상당수가 원곡이 있다. 그러나 휘트니를 특별하게 만드는 건 바로 천부적인 노래 해석이었다. 클라이브는 휘트니를 두고 "노래 해석의 천재"라고 했으며, 원곡에 자신만의 매력을 덧붙여 독보적인 곡으로 만드는 건 휘트니가 가장 잘하는 일이었다. 〈보디가드〉의 사운드트랙은 역사상 가장 많이 팔린 영화 OST 앨범이 되며 휘트니를 팝스타 이상의 무언가로 만들었다. 팝에 관심이 없던 사람들마저 휘트니를 알게 된 중요한 순간이었다.

같은 시기, 연인이 되어 결혼까지 한 바비 브라운의 존재는 휘트니의 운명을 완전히 바꾸어버렸다. 뉴잭스윙으로 세계 최고가 된 바비는 그룹 시절부터 팀원들과 싸우고 이후로도 숱한 사건사고를 일으키는 트러블 메이커였다. 하지만 그런 자신의 천방지축 기질을 무기 삼아 관객을 압도하던 퍼포머였고, 휘트니는 그런 바비에게 먼저 추파를 보내며 애정을 표시했다. 공주와 악동의 만남은 세간의 화제였으나 결국 양쪽의 몰락으로 끝나버렸다.

휘트니는 겉보기엔 완벽했으나 사실 이면엔 몇 가지 문제점을 안고 있었다. 어릴 적 배운 마약을 끊지 못했고, 주변엔 예스맨밖에 없어 자신을 통제할 인물이 없었다. 가족과 주변인을 모두 먹여 살리는 기업이 되었으니 당연했다. 이를 막을 수 있던 유일한 친구는 가족을 선택한 휘트니에 의해 숙청(?)되었다.

'백인 같다'는 이미지 또한, 휘트니에게는 상당히 떨쳐내고 싶은 수식어로 작용했다. 유년기부터 음악까지, 흑인들의 삶을 대변했던 바비와의 결혼은 오랫동안 휘트니가 달고 살던 수식어를 마침내 떨쳐내는 계기가 되었다. 우리는 정반대의 사람이지만 공통점도 있다면서 서로의 사랑을 확인하며 만든 노래가 바비 브라운의 3집 수록곡 〈Something in Common〉이다.

초반만 해도 둘은 아무 문제가 없어 보였지만, 바비는 너무 타락한 가수였다. 휘트니는 바비를 만난 뒤 기존 약은 물론이고 마시지 않던 술에도 입을 댔다. 90년대는 축복과 불행이 동시에 찾아온 시기

113

였다. 1998년 4집 발매 전까지 영화 세 편에 더 출연하며 인기를 유지했는데, 〈사랑을 기다리며〉의 경우에는 휘트니의 의지로 다른 흑인 가수들을 기용해 사운드트랙을 제작하기도 했다.

〈보디가드〉 이후의 휘트니는 성공보다 가정의 안정을 원했다. 93년에 낳은 딸 바비 크리스티나 브라운을 위해 모든 걸 했다. 이는 책임감의 발로였지만 한편으론 어린 시절의 악몽을 딸에게 물려주지

휘트니와 바비가 함께한 모습

않으려는 노력이기도 했다. 어린 시절 부모님이 이혼했던 휘트니는 부부 관계가 어떻든 딸을 위해서라도 결혼 생활을 지속하려 한 것이다. 하지만 부부는 함께 일어나기보다는 함께 무너지고 말았다. 휘트니의 형제는 둘을 말리지는 못할망정 새로운 마약을 소개했고, 둘은 이후로도 재활원을 몇 차례씩 들락거렸다. 바비는 폭행 및 재물손괴, 음주 운전 등 자나 깨나 사고였고, 한 번은 휘트니를 폭행하기도 했다.

휘트니는 90년대에도 차트 최상위권을 기록한 노래를 내놓으며 변함없는 인기를 보여주지만, 1999년 즈음 몸 상태가 점점 나빠졌다. 취소되는 공연이 생기고, 그나마 진행한 공연에서도 상한 목소리를 들려주었다. 요컨대, 자신의 사생활과는 별개로 무대에서는 항상 최상의 모습을 보여주던 휘트니가 이때부턴 사생활에 영향을 받았다는 것. 2001년의 마이클 잭슨 데뷔 30주년 기념 공연에선 살이 확 빠진 모습으로 등장해 사람들의 걱정을 사기도 했다. 이 시기 휘트니는 헤어디자이너가 자신을 걱정하자, 자기도 아는데 어쩔 수가 없다고 대답했다 전해진다.

휘트니는 이 시기, 초대형 음반 계약을 했으나 지분을 요구하는 아버지로부터 소송을 당하고, 바비 브라운이 저지른 가정 폭력의 피해자(휘트니의 바람 탓이라고 바비는 주장했다.)가 되는 등 여러 배신으로 어려운 나날을 보냈다. 녹음도 자기 맘대로 엎어버리고, 스태프들의 애원에도 호텔방에서 나오지 않는 등 이전의 완벽함과는 거리가 멀었다.

2010년 첫 내한 공연으로 시작한 월드 투어는 아쉬움이 큰 무대였다.

2002년에 나온 5집《Just Whitney》는 휘트니의 이름값에 걸맞지 못한 성적을 거두었다. 휘트니는 재활원에 들어가 정상적인 삶으로 되돌아가려고 노력했다. 2006년, 바비와의 결혼 생활에도 종지부를 선언하며 본격적으로 재기를 준비했다. 2009년에 발표한 6집《I Look to You》에서는 모든 시련을 극복하겠다는 의지가 노래 곳곳에서 묻어나는데, 그럼에도 마약을 끊지 못했다. 월드 투어의 일환으로 진행한 첫 내한 공연에서도 안타깝다는 반응이 나올 정도로 제 목소리를 들려주지 못했다. 서울 공연이 투어의 시작이었던 휘트니는 연신 불안한 모습을 보여 관객을 안타깝게 했고, 그럼에도 그간의 인생역경을 알고 있던 관객들은 실망 대신 따뜻한 격려를 보냈다는 후문이다. 그러나 직후 진행한 호주 공연에서는 환불 소동이 일어날 정도여서, 본인에게는 큰 상처로 남은 투어였다.

휘트니는 2012년 2월 11일 욕실에서 차가운 주검으로 발견되었다. 마약중독에 따른 익사였다. 케빈 코스트너는 장례식장에서 "천사들이 당신의 보디가드가 될 것"이라는 추도사를 남겼고, 3년 뒤엔 딸 바비 크리스티나 브라운도 사망하면서 휘트니의 가정에선 바비 브라운만이 남아버렸다.

휘트니는 '디바'라는 수식어가 누구보다 어울리는 보컬이었다. 노래로는 휘트니를 따라잡을 자가 없었고, 휘트니를 가로막은 건 노래가 아닌 가족이었다. 문제라면, 휘트니가 가족을 너무 사랑한 것 뿐. 그들을 누구보다 소중히 여겼고 아꼈기에 정작 자신의 어둠은 바라보지 못한 것이 아닐까.

PLAY LIST

- *Greatest Love of All*
- *Saving All My Love for You*
- *How Will I Know*
- *I Wanna Dance with Somebody*
- *Didn't We Almost Have It All*
- *So Emotional*
- *Where Do Broken Hearts Go*
- *I'm Your Baby Tonight*
- *All the Man That I Need*

- *I Will Always Love You*
- *I Have Nothing*
- *I'm Every Woman*
- *The Star-Spangled Banner*
- *Something in Common(with Bobby Brown)*
- *Exhale (Shoop Shoop)*
- *My Love Is Your Love*
- *I Look to You*
- *Million Dollar Bill*

트리비아

- 휘트니와 결혼한 바비 브라운은 가난한 어린 시절에 함께 도둑질을 하던 친구가 칼에 찔려 죽는 사건을 목도하고 개심해 가수가 된 인물이다. 결혼 이전에도 마약을 하고, 속도 위반으로 아이를 낳는 등 사건사고의 연속이었으나 그의 음악은 뉴잭스윙의 전성기를 견인해 현진영과 듀스 등 케이팝의 선배들에게도 큰 영향을 끼쳤다.
- 〈보디가드〉의 시나리오는 원래 1975년에 완성되었고, 초기의 캐스팅 목표는 다이애나 로스였다고 한다. 그러나 다이애나의 출연이 무산되며 제작이 취소되었다. 긴 시간이 지나 케빈 코스트너가 제작에 직접 참여한 뒤에야 휘트니 휴스턴을 섭외할 수 있었다.

휘트니는 듀엣에 거부감이 없었고, 그만큼 다른 가수들과 협업하는 일에도 적극적이었다. 주목할 만한 듀엣곡 몇 가지를 골라 소개한다.

Hold Me (duet with Teddy Pendergrass, 1집 «Whitney Houston» 수록곡)

휘트니 휴스턴의 1집에는 저메인 잭슨과의 듀엣곡 두 곡을 비롯해 총 세 곡의 듀엣이 실려 있지만, 그중에서도 마지막 트랙 〈Hold Me〉는 휘트니를 처음으로 빌보드 차트에 올린 듀엣이라 의미가 각별하다.

〈Hold Me〉는 휘트니의 정규 앨범 발매 1년 전에 테디 펜더그래스의 앨범에 선수록되었고, 싱글로 발매되어 빌보드 싱글 차트 46위까지 올라갔다. 그러나 휘트니는 이 곡이 일찍 발매된 탓에 1986년 개최되는 그래미 신인상 자격을 놓쳤다.

I Know Him So Well (duet with Cissy Houston, 2집 «Whitney» 수록곡)

어머니 시시 휴스턴과의 듀엣으로, 2집의 마지막을 장식하는 곡이다. 본디 뮤지컬 《체스》의 수록곡이었고, 주인공 아나톨리의 부인 스

119

베틀라나와 정부(情婦) 플로렌스의 시점으로 완성된 곡이지만 휴스턴 모녀가 멋지게 소화해 냈다.

　원곡부터 UK 차트 1위를 차지한지라 휘트니 휴스턴 이외에도 많은 커버가 존재하고, 바브라 스트라이샌드 또한 리차드 페이지와 이 곡을 부르기도 했다.

When You Believe (duet with Mariah Carey, 4집 «My Love Is Your Love» 수록곡)

당대의 디바 라이벌로 불렸던 머라이어 캐리와의 듀엣으로 세간의 관심을 모은 곡이다. 영화 〈이집트 왕자〉의 OST로 수록되었다. 이 곡의 작업을 위해 제작사 드림웍스는 각자에게 상대방도 동의했다며 거짓말부터 하고 듀엣을 성사시켰다는 후문이다.

　해당 곡은 빌보드 최고 순위 15위에 그치며 기대만큼의 성적을 거두지는 못했으나, 아카데미 주제가상을 수상하며 가치를 인정받았다. 현재 해당 곡은 유튜브 뮤직비디오가 약 5억 회의 조회수를 기록하며 스테디셀러가 되었다.

Could I Have This Kiss Forever (duet with Enrique Iglesias)

정규 앨범에 수록되진 않았으나 2000년 발매된 엔리케 이글레시아스(훌리오 이글레시아스의 아들로도 유명함)와의 듀엣곡도 큰 인기를 끌었다. 아리스타 레코드의 클라이브 데이비스 덕에 연결된 둘은 의외의 시너지를 발휘했는데, 이 곡에선 라틴팝을 부르는 휘트니의 목소리를 들을 수 있다.

흔들어주세요! 짜릿한 젊음, 티파니와 데비 깁슨

◄ ❙❙ ►

분야를 막론하고 최고의 흥행 카드는 '라이벌리'(Rivaly, 경쟁 관계)다. 하지만 라이벌리 대부분은 당사자와 관계없이 언론이 만들고 대중이 호응하면서 완성된다. 성별이 똑같고 나이와 흥행 성적도 비슷하면 거진 함께 묶인다. 대표적인 예시가 바로 티파니와 데비 깁슨일 것이다.

한때 티파니에 빠져 살았다. 티파니는 80년대의 모든 감성을 대표하는 그 무언가였다. 펑퍼짐한 너비의 청재킷과 청바지, ㄱㄴ춤을 연상케 하는 손동작과 발랄한 리듬까지 하나하나가 내가 생각한 80년대의 이상적인 모습이었다. 대학생 때였나, 내가 티파니 좋아한다고 하면 사람들은 당연하게 나를 소녀시대 팬으로 여겼다. (실제 나는 원더걸스 팬이다.) 내가 데비 깁슨을 알게 된 것도 티파니를 깊이 알아보면서 라이벌의 존재를 접한 후였다.

둘은 모든 면에서 라이벌이라고 부를 만했다. 나이 차는 고작 한

살이었고, 같은 시기에 흥행했다. 물론 성장 배경과 흥행 방식은 완전히 정반대였다. 둘 다 좋아하는 사람도 많았지만, 취향이 갈리는 경우도 많았다. 나는 둘 다 좋아하는 쪽이다. 엄밀히 말하면 티파니의 80년대 감성에 매료되었다가 데비 깁슨의 청량함에 반했고, 이제는 둘 다 좋아한다. 티파니가 한국에서 찍은 써니텐 "흔들어주세요!" 광고는 아직도 가끔 찾아본다.

1971년에 태어난 티파니 다위시(Tiffany Darwish)의 어린 시절은 우여곡절이 많았다. 부모님이 생후 14개월 만에 이혼했는데, 의붓아버지는 매일 집에서 노래하는 티파니의 재능을 발견하고 딸을 격려했다. 하지만 티파니는 "내가 처음 돈을 벌어온 순간 나를 바라보는 의붓아버지의 눈이 바뀌었다."라고 회상한다.

이런 티파니를 키워주겠다고 붙은 매니저는 전과자였고, 어머니 또한 당시 알코올중독에 시달리며 티파니의 성장을 어렵게 했다. 음반 계약 또한 모조리 거절당하며 난관을 마주했을 때, 조지 토빈(George Tobin)이라는 프로듀서가 티파니를 키워보겠다며 인맥을 동

티파니 1집 앨범 커버

위해 계약을 성사시켰다.

반면 데비 깁슨은 천재의 전형이었다. 1970년에 태어난 데비 깁슨은 매일 라디오를 들었고, 두 살 때부터 기타를 치고 싶어해 부모님이 우쿨렐레를 선물했다. 네 살에는 귀동냥으로 피아노 연주를 시작했고, 다섯 살 때는 조악하게나마 첫 작곡을 했다. 열두 살에는 작곡을 다시 시작했고, 이내 한 라디오 방송국에서 주최한 송라이팅 대회를 제패했다. 부모님은 이런 데비를 돕기 위해 여기저기 발로 뛰었다.

데비가 작곡한 곡들의 저작권을 보호하기 위해 만난 변호사는 데비의 재능에 반해 아예 매니저를 자처했고, 데비는 곧 부모님이 차고를 개조해 마련해 준 홈스튜디오에서 데모 제작에 매진했다. 음반사와의 계약은 당연했다. 데비 나이 열여섯이었다.

데뷔를 앞둔 둘은 빌보드 접근법도 아예 달랐다. 티파니를 키우겠다던 조지는 흥행의 실마리를 '재해석'에서 찾았다. 젊음이 무기였던 예전 아이돌은 흥행을 위해 옛 감성을 빌려오곤 했다. 기존 히트

데비 깁슨 1집 앨범 커버

곡을 새로운 감성으로 커버해 익숙함과 신선함을 모두 잡는 작전이었는데, 티파니의 대표곡인 〈I Think We're Alone Now〉와 〈I Saw Him Standing There〉 등의 곡은 모두 토미 제임스 앤 더 션델스의 1966년 빌보드 4위 곡과 비틀즈의 1963년 빌보드 14위 곡을 커버한 결과물이다.

철저한 어른들의 작전이었다. 티파니는 〈I Think We're Alone Now〉의 원곡을 들어본 적도 없었고, 〈I Saw Him Standing There〉 또한 스튜디오에서 누군가 즉흥적으로 친 비틀즈 노래를 매니저가 캐치해 티파니에게 권유한 결과물이었다. 두 곡은 모두 80년대의 댄스곡으로 탈바꿈했고, 티파니는 전미의 쇼핑몰을 돌며 바닥부터 이름을 알렸다.

〈I Think We're Alone Now〉의 뮤직비디오는 티파니의 쇼핑몰 투어 촬영본을 담은 일종의 브이로그다. 80년대 미국의 생활상을 고스란히 엿볼 수 있으며, 당시 청소년들이 열광하던 티파니의 개구쟁이 같은 면모가 묻어 있어서 많은 이에게 사랑받은 뮤직비디오이기도 하다. 티파니는 이 곡에서 "행동거지 조심하라는 어른들의 말은 제쳐두고 우리끼리 달아나자."라고 말한다. 클럽이 아닌 쇼핑몰을 돈 이유도 여기에 있었다. 뮤직비디오에선 청소년들이 티파니의 포스터를 들고 환호하는 모습이 보인다.

난 초등학교 4학년 때, 방학을 이용해 미국으로 한 달간 짧게 떠난 서머스쿨에서 비슷한 일을 겪은 적이 있다. 그래서 당시 청소년들

독일의 뮤직쇼에서 노래하는 티파니(1988년)

의 심정을 대강이나마 짐작할 수 있다. 당시 서머스쿨에 생판 모르는 가수가 왔다 가서 그러려니 하고 살았는데, 고등학생이 되어 2000년 대 팝을 디깅(digging)하다가 그 가수를 발견했다. 그가 정규 앨범 한 장 내고 일반인으로 돌아간 가수였음에도 난 반가움에 한동안 추억 에 빠져 살았다. 잠깐 스친 가수도 몇 년간 기억에 남아 있는데, 80년 대에 티파니를 접한 청소년들은 실시간으로 자기 가수가 인기몰이 하는 모습을 보며 끝없이 애정을 키우지 않았을까.

〈I Think We're Alone Now〉는 지금까지도 《19곰 테드》, 《엄브 렐라 아카데미》 등에 OST로 등장해 80년대를 대표하는 곡 중 하나 로 자리매김했다. 티파니는 나이 열여섯 살에 이 곡으로 빌보드 싱글 차트 1위를 차지했고, 티파니는 1위 낭보가 들려올 때 설거지를 하고 있었다. 수화기 너머로 1위 소식을 알리는 매니저에게 "알겠고, 저 설거지하고 있으니 끊어요."라고 대꾸했단다. 이후에도 발라드 〈Could've Been〉(이 곡은 커버가 아닌 오리지널 곡이다.)으로 한 번 더 싱글 차트 1위를 차지하며 열여섯에 최전성기를 누린다. 앨범 차트 1위 또한 당연했다.

반면 데비는 데뷔 앨범의 전곡을 직접 썼고, 수록곡 열 곡 중 네 곡의 프로듀싱에도 참여했다. 재해석이 아닌 모든 게 셀프 메이드였 던 앨범의 타이틀 또한 《Out of the Blue(난데없이)》였다. 난데없이 등장한 앨범의 커버는 하얀 바탕에 청바지를 입은 데비가 테디 베어 와 함께 웃고 있는 모습이었다. 뉴욕타임스는 데비를 "처음부터 정갈

하고 깨끗한 순수의 결정체"라고 평했고, 단독 작사 작곡에 프로듀싱까지 혼자 도맡은 발라드 〈Foolish Beat〉가 빌보드 싱글 차트 1위에 오르면서 빌보드 1위곡을 배출한 최연소 싱어송라이터가 되었다. (이 기록은 2007년이 되어서야 솔자 보이가 Crank That으로 경신한다.)

이외에도 〈Only in My Dreams〉 같은 노래가 데비의 청량함을 강조했는데, 그럼에도 매일 학교 생활을 하면서 10대의 본분을 다하니 대중이 사랑할 수밖에 없었다. 데비는 당시 인터뷰에서 "인위적인 이미지는 필요치 않다."라며, "자신은 평범한 사람"임을 강조했다. 졸업 파티에서도 학생들한테 방해된다며 자기 노래를 틀지 말아달라고 부탁할 정도였다. 데비는 우등상까지 탈 정도로 학업과 음악 모두에 충실한 10대였다.

이런 배경 차이는 서로의 2집을 앞두고 큰 변수를 만들어 냈다. 데비는 착실하게 2집을 준비한 반면 티파니는 프로듀서와 어머니 사이의 소송에 얽히며 순수한 이미지를 상당 부분 잃어버렸다. 프로듀서는 티파니를 할머니 집에서 살게 했고, 어머니는 월권이라며 강하게 반발했다. 표면적인 문제는 틴에이저 티파니를 둘러싼 주도권 싸움이었지만, 깊게 들어가면 역시 돈 문제가 없을 수 없었다. 티파니는 변호사들이 이 싸움을 진흙탕으로 만들었으며, 자신이 모르고 싶은 일까지 들추며 전부 법정으로 끌어들였다고 말했다. 좋든 싫든 티파니는 어른들 싸움에 휘말릴 수밖에 없었고, 이런 환경은 티파니가 성공하는 데 핵심 요소였던 '이미지'에 치명적인 흠결을 냈다. 2집

《Hold an Old Friend's Hand》는 빌보드 앨범 차트 최고 순위 17위로 뚝 떨어졌고, 싱글 또한 〈All This Time〉만 10위권 안에 진입하는 등 부진했다.

반면 티파니의 2집보다 3개월 늦게 나온 데비 깁슨의 2집 《Electric Youth》는 역시 데비가 작사와 작곡을 모두 맡고, 수록곡 열한 곡 중 일곱 곡의 프로듀싱까지 직접 해 (한 곡은 공동 프로듀싱) 세간의 관심을 끌었다. 조금 더 완성된 팝으로 자신의 발전을 증명했고, 흥행 성적 또한 상승하며 기대감을 높였다. 1집에서 티파니가 이겼다면 2집에서는 데비가 이겼다.

발라드 〈Lost in Your Eyes〉는 또 한 차례 빌보드 1위를 차지했고, 앨범과 동명인 수록곡 〈Electric Youth〉는 '짜릿한 젊음'이라는 뜻답게 데비를 대표하는 곡이 되었다. "너의 잠재력을 믿고 발산해라."라는 메시지를 담은 곡으로, 이미 10대들의 우상이 된 데비가 평범한 학생에서 당당한 리더로 나아감을 보여준 증거였다. 한국 나이 스물이었던 데비의 성인식 같은 곡이라 역시나 내가 사랑하는 노래다.

내 젊음이 80년대 같길 원했다. 물론 80년대라는 시대가 당신 생각만큼 화려하진 않았다고 말하는 사람들도 있다. 하지만 사람은 겪어보지 못한 것에 동경을 품는다고 하지 않는가. 내가 떠올리는 80년대는 일본의 코카콜라 CM 같은 청량함과 미국 영화 〈백 투 더 퓨처〉 같은 상상력이 가득한 시대였다. 그 시절 팝을 듣던 한국 사람들은 어떤 생각을 하며 이 곡을 들었을지 모르겠지만, 내게는 80년대의 젊음을 가장 잘 떠올리게 해준 곡이 데비 깁슨의 〈Electric Youth〉였다. 실제로 데비는 〈Electric Youth〉가 어린아이들도 충분히 많은 일을 해낼 수 있다는 걸 보여주는 곡이라고 평했다.

티파니 또한 마찬가지였다. 노래도 노래지만 티파니가 촬영한 1989년의 '써니텐' CF는 틴팝 스타의 청량함과 "흔들어주세요."라는 강렬한 문구로 80년대의 젊음을 상징한다. 티파니는 같은 해 부산과 서울, 안양을 돌며 총 네 차례 공연을 했는데, MBC가 방영한 덕분에 아직도 공연 영상이 남아 있다. 당시 추진되었다가 무산된 마이클 잭슨 내한 공연과 비교되어 '한판 승부'를 벌인다는 국내 기사가 당시 티파니의 인기를 (조금 과장되었겠지만) 반영한다.

티파니와 데비 깁슨 이 둘은 라이벌로서 80년대 후반을 치열하게 보냈다. 다만 이미지 소비가 컸는지, 격변하는 90년대를 이겨내지 못했다. 티파니는 3집부터 프로듀서를 뉴 키즈 온 더 블록의 프로듀서 모리스 스타로 바꾸지만 반응이 크지 않았다. 데비 또한 성인 취향의 노래로 탈바꿈해 돌아왔지만 성공적이지 못했다. 틴에이저로 너무 굳어져버린 이미지가 탈이었다. 이전 모습을 기대하던 팬들은

써니텐 CF

달라진 음악에 실망해 떠나고, 그들이 목표로 한 소비층은 굳이 10대들의 대표로 인식되는 둘의 음악을 듣지 않았다.

변화를 주지 않으면 도태되고, 변화를 준다 해도 기존 이미지와 싸울 수밖에 없는 틴팝 음악의 한계였다. 이후 둘은 다방면으로 변화를 시도했지만 이전의 영광을 되찾아오지는 못했고, 데비는 한때 라임병 투병을 고백하는 등 어려움을 겪다가 현재는 티파니와 함께 괴수 영화에 출연하고 투어를 돌기도 하면서 화기애애하게 지내고 있다.

티파니와 데비는 흔히 스쳐가는 반짝 인기 가수로도 비춰질 수 있다. 하지만 이는 반대로 말하면, 평생 그 시절의 모습으로 남아 있다는 뜻이기도 하다. 둘은 80년대의 이상이다. 나로 하여금 80년대를 상상하며 웃음 짓게 한, 그리고 내 젊음을 끝까지 불태울 수 있게 독려하는 아이콘이다.

PLAY LIST

티파니

- *I Think We're Alone Now (Tiffany)*
- *I Saw Him Standing There (Tiffany)*
- *Could've Been (Tiffany)*
- *All This Time (Tiffany)*

- *Foolish Beat (Debbie Gibson)*

- *Only in My Dreams (Debbie Gibson)*

- *Lost in Your Eyes (Debbie Gibson)*

- *Electric Youth (Debbie Gibson)*

트리비아

• 가장 어린 나이로 빌보드 1위를 차지한 솔로 가수는 스티비 원더다. 만 13세에 발표한 〈Fingertips-Part 2〉가 빌보드 싱글 차트 1위를 기록했다.

• 1989년, 외국인 모델의 CF 출연이 허용되자 해외 스타들이 속속 한국 CF에 등장했다. 주윤발이 "사랑해요, 밀키스"를 외치고, 왕조현이 "반했어요, 크리미"를 말했다. 드봉 화장품 광고에 출연한 소피 마르소는 80년대 남학생들의 가슴을 설레게 한 것으로 유명하다. 가수 중에서도 티파니와 케니 로저스, 토미 페이지가 CF를 촬영했다.

당시 국내에서 최고의 인기를 누리던 영화배우 멕 라이언은 '섹시 마일드' 샴푸 CF를 촬영했는데, 1997년 미국의 한 토크쇼에 나가 '섹시 마일드'라는 이름과 광고 콘셉트가 말도 안 된다고 발언했다가 한국에서 논란이 되어 사과하는 해프닝도 있었다.

80년대 틴팝 스타를 얘기할 때 티파니, 데비 깁슨과 더불어 꼭 들어가는 가수가 한 명 더 있다. 바로 마티카. 사실 틴팝처럼 마냥 밝지도 않고, 티파니와 데비 깁슨의 노래와는 약간 성격이 다르지만 마찬가지로 젊은 나이 덕에 함께 묶였다. 마티카는 나이 열세 살에 아역 배우로 데뷔해《Kids Incorporated》라는 디즈니 뮤지컬 프로그램을 거쳐 1988년 데뷔 앨범을 냈는데, 〈Toy Soldiers〉라는 곡을 1989년 빌보드 싱글 차트 1위로 올리며 만 20세에 빌보드 1위 가수가 되었다. 에미넴의 〈Like Toy Soldiers〉가 샘플링한 곡이기도 하다. 이번에는 마티카의 대표곡을 꼽아본다. 티파니, 데비 깁슨과 함께 들으면 완전히 다른 매력을 느낄 수 있을 것이다.

Toy Soldiers (1988)

More Than You Know(1988)

**Love...
Thy Will Be Done (1991)**

I Feel the Earth Move (1988)

유로 댄스를 아시나요?
런던 보이즈와 모던 토킹

◀ ❚❚ ▶

언젠가 유튜브 영상에서 이런 말을 했다. 이 세상엔 두 종류의 가수가 있는데, 시대를 관통하는 가수와 시대를 대표하는 가수가 있다고. 복고를 사랑하는 우리 세대가 가장 크게 실수하는 부분이라고 생각한다.

나 같은 사람은 차트만 뒤지고는 옛날 음악의 트렌드를 연구했다고 자부하곤 한다. 하지만 추억이란 건 숫자를 뛰어넘는, 그 시절을 살아온 기억의 압축판이다. 시대를 대표하는 가수는 그런 것이다. 숫자로 남아 있진 않지만, 모든 이의 가슴에 뜨겁게 남아 있다. 사실 나는 절대로 알 수 없는 감정이다. 그 시절을 직접 살아본 특권을 누리지 못했으니까. '그 시절을 사랑하지만, 결코 그 시절 사람들과 동등해질 수 없는' 내 처지에서는 진정성 있게 이해하고자 노력하는 수밖에 없다.

80년대 사람들이 누린 가장 큰 특권 중 하나는 디스코텍 그리고 롤러장이다. 어른은 디스코텍에서, 청소년은 롤러장에서 흥을 즐겼는데 그곳에서 나온 음악은 결코 빌보드 차트를 뒤져서는 알 수 없다. 수많은 그 시절 선배들은 당시의 대표 가수로 '런던 보이즈'와 '모던 토킹'을 이야기했다. 흔히들 '추억의 롤러장', '그 시절 유로 댄스'라는 이름이 붙은 플레이리스트에 무조건 등장하는 가수들이다.

음악은 경쾌할지 몰라도, 이 둘을 다루는 내 마음가짐은 항상 진지하다. 이들의 음악에는 내가 이해할 수 있는 영역 이상의 무언가가 존재한다고 생각하기 때문이다.

런던 보이즈는 에뎀 에프라임과 데니스 풀러로 구성된 듀오. 둘은 학교 친구였고, 가수 데뷔 이전부터 춤으로 지역 여러 곳을 석권하며 영혼의 동지가 된 사이였다. 롤러 댄서로 활동하던 1981년, 그들은 롤러스케이트 유행의 한계를 느끼고 독일로 이주했다. 독일은 자신들이 여전히 잘 나가던 곳이었고, 동시에 유로 댄스의 강국이기도 했다. 독일에서 5년을 활동하다가 프로듀서 랄프 르네 마웨의 눈에 띄어 본격적으로 데뷔했다. 그는 둘을 처음 본 순간을 "함께라면 어떤 방이든 밝게 비출 수 있는 아우라가 있었다."라고 평했을 정도였으니까. 그리고 "제발 이 두 친구가 노래도 잘하길 빌었다."라고 한다.

다행히 둘은 노래도 제법 할 줄 알았고, 그렇게 영국에서 온 독일 기반의 그룹 런던 소년들(London Boys)이 결성되었다. 데뷔곡 〈I'm Gonna Give My Heart〉는 1986년 발매되었는데, 민소매를 입고 화려한 춤을 선보이는 근육질 남성 둘과 게이바에서 사랑받은 음

악이라는 흔치 않은 조합 탓에 동성애자라는 루머도 많았다. (실제로는 이성애자였고, 둘 다 결혼해 아이도 있었다.)

런던 보이즈의 음악은 대한민국을 비롯한 아시아 지역과 스칸디나비아 반도 등지에서 인기를 끌었다. 하지만 그들이 목표로 했던 '본토' 영국에서 뜨기까지는 3년이라는 시간이 더 필요했다. 반전이 일어난 건 한 사람 덕분이었는데, DOA(Dead or Alive)와 릭 애슬리를 프로듀싱한 피트 워터맨이 프랑스 파리에 들렀다가 런던 보이즈의 음반을 발견한 것이다.

피트는 댄스 음악으로 영국을 접수한 인물이었기에, 런던 보이즈의 가능성을 발견할 수 있었다. 본인이 진행하는 TV 프로그램에 런던 보이즈를 소개하며 지원사격에 들어갔다. 재발매된 런던 보이즈의 1집 《The Twelve Commandments of Dance》는 UK 차트 2위까지 오르고, 그해 영국에서 열아홉 번째로 많이 팔린 앨범이 되었다.

영국 최대의 음악 프로그램이었던 《톱 오브 더 팝스(Top of the Pops)》와 웸블리 스타디움(단독 공연은 아니었다.)에 서기도 하는 등 그야말로 금의환향이었다. 불행히도 인기가 오래가지 못했다. 런던 보이즈의 후속 앨범은 이전만큼 인기를 끌지 못했고, 이후로는 '뉴 런던 보이즈'라는 이름으로 다시 돌아오는 우여곡절을 겪었다.

1995년까지도 둘은 함께였다. 자신을 발굴한 프로듀서 랄프와 계속 일했고, 비즈니스와 상관없이 절친한 친구였다. 매년 겨울 휴가도 함께 떠나 스키를 타곤 했는데, 그럴 때마다 랄프는 반대 의견을 냈다고 한다. 너희는 프로 가수고, TV에 나와서 춤도 춰야 할 텐데 스키 타다 다리라도 부러지면 어떡하냐면서. 1996년 1월, 둘은 이번에도 같이 휴가를 떠났고 다시 돌아오지 못했다.

알프스에서 음주 운전 차량과 추돌 사고가 나서 에뎀과 데니스는 세상을 떠났다. 같은 차 안에 있던 에뎀의 부인과 친구 DJ, 음주 운전을 저지른 상대편 운전자까지 다섯 명이 모두 사망한 비극이었다.

런던 보이즈는 모두의 청춘을 만들고 사라졌다. 하지만 28주기가 된 지금도 많은 사람이 그들의 음악을 기억하고 있다.

모던 토킹 역시 독일에서 결성한 2인조 그룹이었지만 특성은 정반대였다. 프로듀싱을 담당한 디터 볼렌과 보컬을 담당하는 토마스 안더스가 철저히 분업했다. 런던 보이즈처럼 춤을 추지도 않았고, 데뷔한 계기 또한 많이 달랐다.

디터 볼렌은 "돈이 있어야 여자와 차를 가질 수 있다."라고 말한 실언과 가벼운 언동으로 팬과 안티가 극단적으로 나뉘지만, 데뷔 이전엔 여느 무명 뮤지션과 다를 바 없었다. 어린 시절부터 그저 음악으로 성공하기만을 바랐고, 기타 살 돈을 마련하려고 열심히 감자를 캤다. 평범하게 대학교를 다니면서도 끊임없이 데모 테이프를 뿌리며 데뷔를 갈망했다. 그리고 성공을 위해 자신의 음악을 끊임없이 '대중이 즐길 수 있는 소리'로 가다듬었다. 디터의 음악적 목적은 언제나 명확했다. 대중적 성공이다. 그 결과 1982년부터 그룹 '썬데이'

소속으로 첫 골드 레코드를 기록하며 커리어를 차츰 끌어올렸다.

1983년 디터는 F.R. 데이비드 원곡의 〈Pick Up the Phone〉 독일어 버전을 만들기 위해 가수를 물색했다. 이때 소개받은 가수가 자신보다 아홉 살 어린 베른트 바이둥이었고, 베른트는 훗날 이름이 어렵다는 음반사의 요청으로 '토마스 안더스'라는 예명을 새로 지었다.

토마스는 골드 레코드를 기록하는 게 소원이었고, 디터는 토마스의 꿀 같은 목소리를 마음에 들어 했다. 둘은 서로의 수요를 충족

모던 토킹은 80년대 유로팝의 대표였다.

139

했고, 그렇게 영혼의 듀오가 되었다. 토마스를 만나기 이전과 이후의 디터 음악은 그 차이가 확연한데, 토마스는 이를 두고 "독일 가요계가 격변의 시기를 겪고 있었기 때문"이라고 이야기했다. 기존의 슈라거 음악 대신 멜로디 중심의 전자음악이 떠오르고, 단정한 옷차림보다 도발적인 옷차림이 유행을 타는 중이었다는 것. 발빠르게 트렌드를 따라갔으며, 세계 시장을 노리기 위해 노래도 영어로 부르던 둘의 결과물은 이내 또 다른 아이디어와 함께 등장했다. 또 다른 아이디어란, 디터가 '폭스 더 폭스'라는 네덜란드 그룹의 고음 보컬에 힌트를 얻어 고안한 '고음 백보컬'이었다.

'영어'와 '고음 백보컬'이라는 아이디어가 모두 반영된 둘의 첫 곡이 바로 〈You're My Heart, You're My Soul〉이었고, 이 곡은 전 세계에 퍼지며 둘의 운명을 바꾸어버렸다. 모던 토킹의 시작이었다.

이 곡의 히트 속도가 얼마나 빨랐는지는 모던 토킹의 결성 과정을 보면 알 수 있다. 음반사는 독일어 노래와 달리, 영어 노래는 듀오가 불러야 한다는 주장을 폈다. 일단 '모던 토킹'이라는 그룹을 조직하고 토마스 이외의 멤버를 천천히 찾아보기로 했는데, 반응 없던 곡이 갑자기 역주행을 하며 발등에 불이 떨어지자 급한 대로 프로듀서 디터 볼렌을 멤버로 세운 것이다. 일단 TV 출연만 하고 시간을 벌어달라고 말이다. 하지만 노래가 순식간에 차트 1위까지 다다르자 돌이킬 수가 없었다. 토마스와 디터로 이루어진 모던 토킹은 그렇게 완성되었다. 실제로 〈You're My Heart, You're My Soul〉의 프로듀서 이름은 디터 볼렌의 가명인 스티브 벤슨
으로 표기되어 있는데, 이는 본래 디터가
모던 토킹의 멤버가 될 생각이 전혀 없
었음을 보여준다.

기회는 예상치 못한 때 찾아오는 법
이었고, 음반사조차 한때의 돌풍이라고
생각한 모던 토킹은 이후 나온 모든 곡을 유럽 차트에 올렸다. 독일
차트 다섯 곡 연속 1위라는 기록은 덤이었다. 본래 솔로곡에 더 집중
했던 토마스와 멤버가 될 생각도 없었던 디터는 어느새 환상의 콤비
가 되어 전 유럽을 누비고 있었다.

모던 토킹은 데뷔곡이 인기를 끌자 서둘러 발매한 1집을 비롯,
이후에도 경이로운 작업 속도를 보여주며 약 3년간 무려 여섯 장의
앨범을 냈다. 그들의 히트곡은 일종의 공식을 따랐다. 들어보면 멜로
디와 리듬이 모두 비슷했다. 디터의 작업 공식 또한 명확했는데, 먼
저 디터가 최신 히트곡을 모조리 듣고 와 트렌드를 파악하고, 사운드
를 설정한 뒤에는 일사천리로 소리를 뽑아내는 방식이었다. 토마스
는 금세 디터의 의중을 파악하고 앨범 하나 분량을 하루 만에 녹음하
곤 했다고.

이 과정에서 작곡에 참여한 루이 로드리게스나, 고음 백보컬을
담당했던 시스템스 인 블루의 존재도 있었지만 디터가 무시했다. 디
터와 토마스를 위시한 사단이 공장처럼 움직인 셈인데, 평론가들은

모던 토킹의 음악을 진부하다고 비판했지만 그들의 태도는 언제나 한결같았다. 춤출 수 있고 유치원생도 따라 부를 수 있는 노래. 이런 모던 토킹의 우직함은 결국 댄스 플로어를 모두 그들의 사운드로 채워버리는 결과를 낳았다.

토마스와 디터의 케미스트리는 사적인 영역에서 삐걱거렸다. 막 결혼해 가정적인 삶을 살고 싶어 했던 토마스와 워커홀릭 디터는 부딪히는 일이 잦았다. 토마스의 당시 부인이었던 노라의 간섭과 때로 안티들이 공연장에서 보낸 야유 탓에 스트레스가 겹친 디터는 그룹을 해체하기로 마음먹었다. 그리곤 토마스가 휴가를 간 사이에 모던 토킹의 해체를 선언해 버렸다. 그렇게 끝나나 싶었는데 11년이 지난 1998년, 디터는 토마스에게 연락해 모던 토킹을 재개하자고 제안했다. 기존 히트곡의 리믹스부터 '랩'이라는 신무기를 장착한 2기 모던 토킹 또한 대중의 기대에 완벽히 부응하는 화려한 모습이었다.

랩은 변화한 시대에 모던 토킹이 나름대로 내놓은 답변이었고, 모던 토킹의 컴백 앨범은 그해 독일에서 세 번째로 많이 팔린 앨범이 되었다. 〈Brother Louie〉의 1998년 리믹스는 MBC 《황금어장》의 오프닝 곡으로도 활용되어 많이 알려졌다. 개인적으로 또래에게 모던 토킹을 추천할 때면 가장 먼저 들려주는 곡이기도 하다. 복고는 네 생각 이상으로 가까이 있다는 말과 함께.

노라와 이혼한 토마스, 그리고 여전히 워커홀릭이었던 디터는 2003년까지 1년에 한 장꼴로 앨범을 발매하며 자신들만의 방법으로 시대에 적응했다. 시류에 맞춰 음악 스타일을 바꾼 게 아니라 모던 토킹 고유의 음악에 변한 시류를 녹여내는 방식이었다. 하지만 둘은 다시 한번 해체하고, 디터는 자서전에서 토마스를 비난했다가 소송에 걸렸다. 아직까지 관계 회복은 요원해 보인다.

모던 토킹이 활동하는 중에 디터가 일으킨 갈등은 대다수가 돈 문제 때문이었다. 토마스의 지분을 깎길 원했고, 자신을 도와준 사단의 이름을 고의적으로 누락했다. 자서전에서 토마스의 분노를 일으킨 내용도 "토마스가 내 돈을 훔쳐갔다."라는 내용이었다.

하지만 음악이 주는 기억과 감동은 분명 가수들의 사생활과 별개다. 모던 토킹의 음악을 들을 때, 대부분 사람은 멤버 사이의 갈등보단 자신이 롤러장에서 뛰놀던 기억을 먼저 떠올릴 것이다. 그것이 음악의 힘이다. 런던 보이즈와 모던 토킹이 30년이 훌쩍 지난 지금까지도 불타오르는 이유다.

PLAY LIST

런던 보이즈

◉ *I'm Gonna Give My Heart*

◉ *Harlem Desire*

◉ *London Nights*

◉ *Requiem*

트리비아

• 런던 보이즈는 한국에서도 1987년과 1989년, 두 차례 공연을 할 예정이었으나 두 차례 모두 취소되었다. 한양대 종합체육관에서 열릴 예정이던 1987년 공연은 학생 시위로, 그리고 1989년에 열릴 공연도 미국에서 화산이 폭발한 여파로 비행기 탑승이 거부되어 취소되었다는 것이다. 이 시기는 듀오가 가장 화려하게 빛난 순간이었다.

런던 보이즈와 모던 토킹 이외에도 '추억의 롤러장'을 언급할 때 따라오는 가수들은 많다. 비록 내가 롤러장 세대는 아니지만, 이번 픽업에서는 둘 이외에도 한국에서 이름을 날린 롤러장 가수들을 사연과 함께 소개해 본다.

시시 캐치
- Backseat of Your Cadillac

모던 토킹의 디터 볼렌이 발굴한 독일의 가수. 디터는 히트 제조기답게 시시 캐치에게도 다수의 히트곡을 제공하며 시시를 스타로 키웠다. 모던 토킹과 비슷한 결을 유지하지만, 토마스 안더스와는 다른 목소리로 대중들의 사랑을 받았다.

조이
- Touch by Touch

오스트리아의 3인조 그룹 조이는 한국에서 유독 큰 인기를 끈 가수다. 대표곡 〈Touch by Touch〉를 비롯해 〈Valerie〉와 〈Korean Girls〉 등의 곡으로 사랑을 받았고, 1987년엔 잠실 실내체육관에서 내한

145

공연도 했다. 그러나 〈Korean Girls〉의 원제는 〈Japanese Girls〉 이며, 내한 공연에서는 핸드싱크를 했다는 걸 알아챈 사람들이 뒤늦게 실망감을 표하기도 했다.

발티모라
– Tarzan Boy

이탈리아의 프로듀서 마우리치오 바시가 구성한 프로젝트 밴드. 그러나 보컬 지미 맥셰인만 전면에 나선지라 발티모라를 지미의 예명으로 아는 사람도 많다. 지미는 게이라는 정체성 탓에 고향에서부터 차별받으며 기구한 삶을 살았고, 발티모라의 해체 뒤에는 조용히 살다가 에이즈로 만 37세에 세상을 떠났다.

80년대 소녀들의 워너비, 신디 로퍼

⏮ ⏸ ⏭

밑바닥에서 시작해 스타가 된 이들의 이야기는 드물지 않다. 기분 탓일 수도 있지만, 엘리트 코스를 차근차근 밟은 스타보다는 자수성가한 스타의 노래가 조금 더 진심으로 다가오기도 한다. 노래에 애환이 더해졌달까. 인생이 스토리가 되는 셈이다.

신디 로퍼는 인생 애환이 노래에 유독 두드러지게 묻어난 가수였다. 칼칼한 목소리와 갈기머리, 독보적인 패션으로 소녀의 아이콘이 되었는데, 데뷔 당시 신디는 나이가 이미 서른이었다. 당시 LGBT의 대표 주자 중 한 명이었으니, 지금으로 치면 레이디 가가와 비견할 수 있을 듯하다 . 삶의 무게를 어둡게 풀어내는 가수가 있는가 하면, 반대로 밝게 푸는 가수도 있다. 신디는 후자였다.

내가 80년대를 긍정의 시대로 여기게 된 데에는 신디가 결정적 역할을 했다. 세상을 믿지 않아 자신의 방식대로 성공을 이룬 신디는 이제 80년대 세상을 대표하는 인물이 되어버렸다. 신디의 자서전을 보면, 대기만성한 소녀의 삶을 엿볼 수 있다.

신디는 불우한 가정환경에서 자라서 본디 개성을 뽐낼 기회조차 없었다. 의붓아버지는 성도착자에 가정 폭력범이었고, 어머니와 이모는 가치관이 가부장적이어서 신디의 꿈을 응원하지 않았다. 신디는 기존 관습을 받아들일 성격이 못 되었고, 공부도 못해 고등학교에서 퇴학당했다. 일찌감치 독립해 일을 찾았지만, 자신에게 맞는 일자리도 없었다. 웨이트리스와 가사도우미, 청소부와 비서 등 여러 직업을 거쳤다.

젊은 신디는 고교 중퇴에, 모아둔 돈도 없이 여러 직업을 전전했는데 워낙 튀는 외견으로 주목과 눈치를 동시에 받는 위치였다. 예술을 하고 싶은 신디였지만, 먹고 사는 게 최우선일 수밖에 없었다. 그러다 우연한 계기로 삶에 반전이 찾아왔다. 정부 지원을 받아 입학한 미대에서 한 친구로부터 목소리가 좋다는 칭찬을 들은 것이다. 이후 신디는 한 커버 밴드의 백보컬로 들어가 음악인의 삶을 시작했다. 하지만 여전히 다른 돈벌이도 해야 했다. 이 시기에는 스트립 댄서를 비롯해 게이샤 복장을 하고 일식당에서 노래하기도 하는 등 목을 혹사시켜 성대결절을 두 차례 겪었다.

밴드를 여러 번 옮겼지만 이도 순탄치 않았다. 한 멤버에게 성폭행을 당할 뻔하기도 하고, 어떤 밴드에 들어가서는 한 차례 낙태를 하기도 하는 등 고난의 연속이었다. 신디는 현재 낙태와 홈리스 문제, 나아가 LGBT 전반에 목소리를 내며 사회 운동가로도 활발히 활동하고 있다. 신디는 이런 자신의 활동 배경에 젊은 시절의 경험이 있다고 말한다. 그 당시 소외된 계층 중 LGBT가 많았기에 자연스레 그들의 문제에 관심을 기울이고 지지하게 되었다고. 신디의 음악 또한 삶 그 자체였다. 음악은 자신의 경험을 꾹꾹 눌러 담아 해방하는 창구였다.

　신디는 성대결절에 걸릴 때마다 재활하고 재기하는 과정을 반복했다. '내 노래'를 부르겠다고 다짐했을 때의 나이는 스물여섯이었고, 1년 뒤 '블루 에인절'이라는 밴드를 조직해 로커빌리 음악을 선보

절치부심하던 92년 당시의 신디

였지만 신통치 못한 성적을 거두며 앨범 한 장을 끝으로 해체했다. 세상은 시작이 늦은 사람에게 어드밴티지를 주지 않았다.

신디는 여전히 여러 일자리를 전전하며 낮에는 일하고 밤에는 공연하길 반복했다. 이 시기에도 독특한 패션을 선보이며 혹평을 받기도 했으나, 신디는 개성 넘치는 복장으로 지긋지긋한 일상에서 탈출할 수 있었다. "공연장에서 무언가를 벗어던지는 콘셉트를 표출하면 정서적 해방감을 느꼈다."라고 신디는 말한다.

신디가 보여준 매력은 독보적이었다. 성공과 별개로 신디의 독특한 목소리는 업계의 이목을 끌었다. 이후 솔로 계약에 성공하지만, 그 과정에서 블루 에인절의 매니저에게 소송을 당하고 그 과정에서 결국 파산 신청을 하기에 이르렀다. 불행했던 무명 시절과 두 차례의 성대결절, 그리고 파산까지. 신디 로퍼는 누구보다 '평범하지 않은 사람'이었다. 신디는 1집에서 자신의 험난했던 인생을 집약해 보여준다. 우여곡절 끝에 발매된 신디 로퍼의 1집 이름은 《She's So Unusual》. 신디라는 사람을 너무나도 잘 표현하는 말이었다.

Unusual에는 특이한, 드문, 색다른 등의 뜻이 있다. 이름처럼 범상치 않은 앨범이었다. 신디의 감성은 서른이 되어도 그대로였고, 앨범은 전 세계적으로 2,500만 장 이상의 판매고를 기록하며 80년대를 대표하는 앨범 중 하나가 되었다.

〈Girls Just Want to Have Fun〉에서는 미친 듯이 뛰어노는 모습을 보여주고, 가사 또한 소녀들을 겨냥해 "우린 단지 재밌게 살고 싶을 뿐"이라고 말한다. 단순한 즐거움으로 포장될 수도 있지만 신디의 의도는 그보다 심오했다. 이 노래를 '여성들의 송가'라고 말한 신디의 입장에서 해석하면 "억압받는 우리를 풀어주고 재밌게 놀게 해달라."라는 뜻이 된다. 자칫하면 의미 없을 수 있던 가사가 신디를 만나 한 마디 한 마디 의미를 부여받은 것이다.

본디 남자가 쓴 노래를 여자의 시선으로 비틀어 불러버린 신디는 앙칼지고 전투적인 목소리를 비롯해 헤어스타일과 패션 등 모든 면에서 자유의 상징이었다. 뮤직비디오 또한 모든 인종의 여자들을 섭외해 자유롭게 뛰어노는 콘셉트로 촬영했다. 데뷔 전에 억압받고 천덕꾸러기 취급받던 개성은 이제 무기가 되었다. MTV 또한 그 개성에 압도되어 뮤직비디오를 줄기차게 틀었으며, 이는 결국 30년간 자신의 고집을 꺾지 않고 잡초처럼 버틴 신디의 승리를 뜻한다.

신디는 〈Girls Just Want to Have Fun〉처럼 남의 곡을 재해석하는 능력이 뛰어났다. 〈When You Were Mine〉, 〈Money Changes Everything〉 등의 곡은 각각 프린스와 더 브레인스(The Brains)의 곡

1집 《She's So Unusual》 앨범 커버

이었다. 여러 밴드를 전전하며 수많은 사랑을 했던(?), 그리고 돈의 중요성을 누구보다 잘 알던 신디에게 안성맞춤인 노래다. 신디는 남이 쓴 곡에도 자신의 색깔을 넣으려 노력했다. 실제로 신디는 노래에 자기 삶의 일부분을 투영한다는 이야기 또한 했다. 앨범 이름도 원래 있던 노래 〈He's So Unusual〉을 비틀었으니, '남의 것을 자신의 것으로 만드는' 신디와 음반사의 센스가 어느 정도였는지를 보여준다.

이처럼 탁월한 재해석 능력에 출중한 싱어송라이팅 능력까지 지닌 신디는 자신이 공동 작곡한 발라드 〈Time After Time〉을 빌보드 1위로 올리기까지 했다. 〈She Bop〉은 자위행위를 다룬 노래였으며, 아무도 안 볼 때 반라로 녹음하는 등 자신이 작곡한 곡에서도 자유분방함을 마음껏 보여주었다. 하이힐이 벗겨지고 사슬이 채워진 모습을 보여준 앨범 커버 또한 자유와 여성의 속박을 상징했는데, 신디는 이후로도 같은 기조를 유지한다. 독보적인 마이웨이는 신디를 확실히 차별화했고, 대중성과의 타협을 거부하기도 했다.

영화 〈구니스〉의 OST를 부르며 승승장구하던 신디는 2집《True Colors》에서 사회적 메시지를 더욱 강화했고, 동명의 수록곡 〈True Colors〉는 "당신의 진정한 색깔을 찾으라."라는 주제 의식으로 LGBT 커뮤니티의 송가가 되었다. 〈Boy Blue〉 또한 에이즈로 세상을 떠난 친구에게 바치는 노래였다. 전체적으로 차분해진 분위기의 2집은 1집에 비하면 저조한 흥행 성적을 기록하며 음반사의 애를 태웠다.

신디는 이후 앨범을 제작하며 음반사와 잦은 충돌을 일으켰는데, 89년에 나온 3집 《A Night to Remember》 또한 그런 충돌로 인해 온전히 빛을 보지 못한 앨범이었다. 유일한 히트 싱글은 빌보드 차트 6위에 오른 〈I Drove All Night〉이었고 (로이 오비슨이 이 노래를 먼저 녹음했지만, 신디보다 3년 늦은 1992년에 공개했다.) 앨범 성적도 빌보드 기준 최고 37위에 그치며 하락세를 명백히 드러냈다. 1993년에 나온 4집 《Hat Full of Stars》의 성적은 더욱 안 좋아서 신디에게도 충격이었다. 신디 자신도 쫓겨나다시피 일본에 가서 프로모션을 했다는 언급을 할 정도였다. 이후 신디는 영화 출연에 열을 올리며 다방면으로 활동을 전개하고, 음악적으로도 자신이 원하는 장르를 모두 시도했다.

꾸준하고 다양한 활동은 뮤지컬 《킹키 부츠》의 작곡으로 결실을 봤다. '커버 범위가 넓고, 클럽 음악을 만들 수 있는 사람이 필요했던' 《킹키 부츠》 제작진은 신디에게 음악을 의뢰했고, 이는 신디의 다양성과 독창성을 보여줄 기회였다. 이후 뮤지컬계에서 최고 권위를 자랑하는 토니상 최우수 음악상과 그래미 최우수 뮤지컬 음악상을 수상하며 제2의 전성기를 맞았고, 지금까지도 꾸준히 사회 활동을 하며 LGBT를 비롯한 다양한 분야에서 자신의 목소리를 내고 있다.

70년의 삶을 짧은 분량으로 압축하려니 우여곡절이 많이 생략된 것 같아 아쉽다. 분명한 사실은 신디가 파란만장한 삶을 살았고 성공한 이후에도 사서 고생을 했다는 것. 밑바닥에서 쌓은 경험과 신념은 신디를 다른 가수와 완전히 차별화했다. 고집이 나중에 독이 되기도 했지만, 그런 고집스러움이 신디를 80년대 대표 가수로 만들었다는 사실은 누구도 부정하지 못할 것이다.

80년대는 문화적으로 잔뜩 팽창했지만 한편으로는 여전히 경직된 관념이 남은 시기이기도 했다. 신디의 삶은 80년대에 억압받은 소녀가 어떻게 그 한을 풀어냈는지, 그리고 그 신념을 어떻게 관철했는지 시대상과 함께 보여주는 일대기다.

PLAY LIST

- 🎵 *Girls Just Want to Have Fun*
- 🎵 *Time After Time*
- 🎵 *She Bop*
- 🎵 *The Goonies R' Good Enough*
- 🎵 *True Colors*
- 🎵 *Boy Blue*

트리비아

- 신디 로퍼의 〈She Bop〉은 2000년, 왁스가 〈오빠〉라는 제목으로 번안해 더욱 알려졌다. 당시 '얼굴 없는 가수'였던 왁스는 무대에 배우 하지원을 대신 내세웠는데, 이 때문에 한때 하지원을 왁스로 오해한 이도 많았다고.

개성의 시대였던 80년대, 신디 로퍼의 화장이 유독 튀었을 뿐 이외에도 독보적인 개성을 드러내는 여성 보컬은 많았다. 그 시절 큰 인기를 누렸으며, 지금까지도 80년대의 매력을 뿜내는 여자 보컬의 곡 몇몇을 소개한다.

블론디
– Call Me (1980)

블론디의 보컬 데비 해리는 밴드 내 유일한 여성 멤버였으나, 이름에 걸맞은 금발 머리와 섹시한 이미지로 마릴린 먼로에 비견되었다.

조안 제트 앤 더 블랙하츠
– I Love Rock 'N Roll (1982)

조안 제트는 남성이 주가 되었던 하드록 장르에서 빌보드 차트 1위에 오르고, 걸 크러쉬의 원조 대접을 받으며 지금까지도 큰 사랑을 받고 있다.

로라 브래니건
– *Gloria (1982)*

로라 브래니건의 〈Gloria〉는 화려한 신디사이저를 바탕으로 한 유로 디스코로, 현재까지 대표적인 80년대 히트곡 중 하나로 꼽힌다.

티나 터너
– *What's Love Got to Do with It (1984)*

'로큰롤의 여왕'이라고 불리는 티나 터너는 출중한 가창력만큼 특유의 사자 머리로 사람들의 기억에 남았다.

하트
– *Alone (1987)*

앤과 낸시 윌슨 자매가 중심이 된 밴드 하트는 1970년대를 풍미한 뒤 한동안 침체기를 걸었으나, 80년대부터 화려한 화장이 특징인 글램 메탈로 노선을 선회했다.

80년대 영국 팝의 아이콘, 조지 마이클

◀ ❚❚ ▶

80년대엔 두 명의 마이클이 있었다고 한다. 미국에는 마이클 잭슨이 있었고, 영국에는 그와 더불어 80년대를 호령한 슈퍼스타 조지 마이클이 있었다. 물론 마이클 잭슨과는 세 글자 겹치는 걸 빼면 공통점이 없다. 둘 다 기구한 삶을 살았다는 점은 비슷하지만 말이다. 어린 시절 나는 마이클 잭슨을 그의 죽음 때문에 알았고, 조지 마이클을 노래 〈Faith〉 덕에 알았다. 엄밀히 말하면, 록 마니아였기에 뉴메탈 밴드 림프 비즈킷이 커버한 〈Faith〉의 원곡자로 조지 마이클을 처음 접했다.

엉뚱하게(?) 알게 된 조지였지만 당연하게도 지금은 림프 비즈킷보다 조지 마이클의 노래를 훨씬 많이 알고 있다. 조지의 음악은 내게 울림을 주었고, 그 삶 또한 그랬다.

조지 마이클은 그리스계 영국인으로, 본명은 예오르요스 키리아코스 파나요투였다. 그리스 이민자 출신의 아버지와 영국에서 댄서를 하던 어머니 밑에서 어렵게 생계를 꾸렸는데, 조지 자신은 음악을 사랑했지만 자신이 뛰어난 음악가라는 생각은 꿈에도 하지 못하고 살아갔다. 아버지를 비롯해, 모두가 그의 재능을 대수롭지 않게 여겼기 때문이었다. 아버지는 조지에게 대놓고 "노래 못한다."라는 이야기를 할 정도였다.

조지의 재능을 끌어낸 사람은 학교에서 만난 동갑내기 소년이었다. 이집트계 영국인 앤드류 리즐리는 전학생 조지를 만나 이것저것 챙겨주었고, 같은 음악 취향을 공유하며 금세 가까워졌다. 앤드류는 조지의 첫 인상을 "아주 수줍고 자신감도 없어 보이던 소년"이었다고 회상했다. 반면 조지는 잘 생기고, 옷도 잘 입고, 잘 놀고 다니던 자신감 덩어리 앤드류로부터 차츰 용기를 얻었다. 앤드류는 본격적으로 음악을 해보자며 조지를 꼬드기고, 조지는 부모님의 뜻을 저버리기 싫었지만 결국 앤드류를 따라 음악에 뛰어들었다. 밴드를 하다가 둘만 남아 '웸!'이라는 듀오를 결성하는데, 활동명 또한 발음하기 어려운 본명에서 '조지 마이클'로 바꾼다.

웸!은 1집《Fantastic!》부터 금세 젊은 층의 뜨거운 지지를 얻었다. 마치 아이돌과 같았는데, 이때 웸!이 내세운 이미지는 반항아. 가죽 재킷을 입고 "네가 하고 싶은 걸 해라."라고 말하는 둘의 모습은 많은 청소년의 가슴을 설레게 했다.

웸! 1집《Fantastic!》앨범 커버

조지는 일상에서 얻은 영감으로 금세 명곡을 만들었다. 앤드류가 클럽에서 외친 감탄사를 바탕으로 만든 〈Wham Rap! (Enjoy What You Do)〉, 마찬가지로 클럽 경험을 살려 만든 〈Club Tropicana〉 등은 모두 UK 차트 10위 안에 진입했다. 당시로선 신선했던 랩을 도입했는데, 앤드류는 조지의 재능이 "차원이 달랐다."라고 말했다. 자신은 뒤로 빠져 서포트에만 열중하기로 결심할 정도였다.

이후 발매한 2집 《Make It Big》은 미국에서도 빌보드 1위 곡을 무려 세 곡이나 배출하며 웸!을 월드 스타 반열에 올리고, 조지는 더욱 성숙한 음악을 하고자 솔로 활동을 꿈꾸었다. 〈Careless Whisper〉는 웸! 활동 기간에 발표했지만, 조지 마이클 명의로 발표한 곡으로 솔로 활동의 신호탄이었다. 〈Last Christmas〉는 웸!이 해체 이전에 남긴 최고의 유산이었다. 이 시절 웸!은 아시아에도 위세를 떨쳐, 대한민국에서도 최고의 인기를 누렸으며, 서구권 팝 그룹 최초로 중국에서 공연하기도 했다. 〈Freedom〉의 뮤직비디오가 웸!의 중국 방문 모습을 담았다.

2인조지만 사실상 모든 일을 도맡아 하던 조지였기에 솔로 활동은 필연이었다. 조지는 성숙한 음악을 꿈꿨고, 웸!의 3집 이후 1년 만에 나온 1987년의 솔로 데뷔 앨범 《Faith》는 섹스어필로 가득한 물건이었다.

조지는 웸!의 1집 커버 사진을 찍었을 때처럼 가죽 재킷을 입었지만, 분위기부터 농염함을 뿜냈으며, 첫 싱글 제목은 무려 〈I Want

Your Sex〉였다. 한국에서는 '외설'로 금지곡 판정을 받아, 정식 라이선스 음반에는 누락된 비운의 곡이기도 하다. 이 당시 한국 팬은 어떻게든 곡을 찾아내 듣던 팬과 이 곡이 존재하는지도 몰랐던 팬으로 나뉘었는데, 그렇다고 조지의 성공이 훼손되는 건 아니었다. 조지는 이외의 곡들에서도 자신의 음악성을 증명하며 위상을 하늘 높이 끌어올렸다.

앨범은 평단과 대중의 극찬을 받았다. 차트에서는 소울과 R&B 앨범으로 구분되었으나 수록곡 〈Faith〉에서는 로큰롤의 흥겨움도 담겨 있어 장르적 다양성도 탁월했다. 웸!의 젊은 이미지는 실제로 조지의 음악적 활동 폭을 제한했다. 솔로 활동은 조지가 음악적 재능이라는 날개를 마음껏 펼치도록 했다.

싱글 커트만 일곱 곡, 그중 네 곡이 빌보드 차트 1위를 기록했으며 그래미 올해의 앨범상까지 수상했다. 추정 판매량은 전 세계 2,500만 장으로 미국에서만 1,000만 장을 넘게 팔았다. 이런 앨범을 만든 조지 마이클의 나이는 고작 만 스물넷. 음반사 소니는 실적에 고무되어 조지와 15년간 여덟 장의 앨범 발매를 조건으로 장기 계약을 했다.

그러나 조지는 '팝스타'의 이미지에 염증을 느꼈다. 언론은 매일 조지를 가십거리로 소비했는데, 조지는 음악을 사랑하지만 세상에 드러나기를 꺼린 아티스트였다. 이미지로
소비되고 싶지 않았기 때문이다. 조지는
1990년 발매한 솔로 2집의 제목을《Listen
Without Prejudice vol. 1》으로 정하는데,
'편견 없이 들어달라'는 의미처럼 본 앨범
에서는 시각적인 면모를 아예 배제했다.

앨범 커버에 본인 얼굴을 싣지 않았고, 뮤직비디오에서도 노출
을 최소화했다. 음악은 이전보다 훨씬 진중한 분위기였다. 아이돌에
서 벗어나고팠던 조지의 시도는 분명히 가치가 있었다. 그러나 상업
적으로는 그렇지 못했다. 이 시기 차트에서 가장 성공한 곡은 앨범
수록곡이 아닌 엘튼 존과의 듀엣, 〈Don't Let the Sun Go Down on
Me〉였다.

솔로 2집은 약 800만 장의 추정 판매량을 기록했고, 이는 절대
치론 성공이었지만 조지와 소니에겐 실패와 다름없었다. 조지는 이
를 기점으로 여러 사건사고를 겪으며 전성기를 잇지 못했다.

조지는 앨범 실패를 소니 탓으로 돌렸다. 소니가 홍보에 소홀해
앨범이 흥행하지 못했으며, 나아가 15년의 장기 계약은 사실상 노예
계약과 같다며 계약 파기 소송을 진행하고 말았다. 반면 소니는 실패
가 홍보 소홀 때문이 아니라는 입장이었다. 15년 계약의 첫 단추가
소송이었으니 이후의 커리어가 꼬일 것은 자명했다. 사태는 1995년
에야 버진 레코드가 조지와 새로운 계약을 하면서 마무리되었고, 본

디 계획하던《Listen Without Prejudice vol. 2》는 엎어져 평생 미완으로 남았다. 조지 마이클의 3집《Older》는 6년이 지난 1996년에야 발매되었으며 황금 같은 전성기는 이미 많이 지난 이후였다. 조지는 훗날 이 소송을 후회한다고 밝혔다.

연인의 죽음은 이 시절 조지를 한층 더 피폐하게 했다. 이 당시 조지에겐 공개하지 않은 연인이 있었는데, 그가 바로 브라질의 패션 디자이너 안셀모 펠레파(Anselmo Feleppa)였다. 1991년, 브라질의 록 인 리오 페스티벌에서 처음 만난 안셀모는 조지에게 첫 번째 '진짜 사랑'이었다. 성적 정체성을 여전히 확신하지 못하던 조지가 자신이 동성애자임을 확신할 정도로 큰 사랑이었다. (조지는 왬! 시절에 앤드류에게 자신이 동성애자라고 밝힌 적이 있다.)

그러나 조지의 사랑은 얼마 지나지 않아 조지에게 고통을 안겨 주었다. 당시 에이즈는 전혀 손쓸 방도가 없는 동성애의 천적이자 불치병이었는데, 안셀모 또한 이를 진단받은 것. 조지는 안셀모가 증상을 느끼고 병원에서 에이즈를 진단받기까지를 "가장 어둡고 두려웠던 시기"라고 묘사했다. 1992년 초, 조지는 안셀모에게 에이즈 확진 소식을 듣고 슬픔에 잠겼다. 같은 시기 조지는 프레디 머큐리의 추모 콘서트에 초청되었고, 그곳에서 또 하나의 명곡을 불렀다. 내게는 사랑할 사람이 필요하다고 말하는 〈Somebody to Love〉였다.

프레디 머큐리 또한 1991년 11월 에이즈로 세상을 떴고, 콘서트 수익금 전액은 에이즈 재단 설립에 쓰일 예정이었다. 연인을 시한부로 잃게 생긴 조지에게 이 콘서트는 한풀이와 같았고, 조지 마이클이 부른 〈Somebody to Love〉는 퀸의 원곡에 버금가는 감동과 여운을 안겨주었다는 평가를 받았다. 〈Somebody to Love〉는 엘튼 존과 함께 부른 〈Don't Let the Sun Go Down on Me〉와 더불어, 소송에 휘말리던 조지 마이클의 90년대 초반을 대표한 곡으로 자리 잡는다. 조지는 이 곡을 "내 친구 프레디를 추모하는 동시에 안셀모를 위해 기도하는 마음으로 불렀다."라고 회상했다. 안셀모는 1993년 투병 끝에 숨을 거두었다.

1996년, 부침 끝에 3집《Older》를 발표한 조지 마이클의 음악은 이전보다 훨씬 더 음울해졌다. 〈Jesus to a Child〉와 〈You Have Been Loved〉는 안셀모를 기리는 추모곡이었는데,《Older》는 영국과 유럽을 중심으로 뜨거운 판매량을 보여주며 조지의 건재를 알렸다. 미국 판매량이 눈에 띄게 떨어져 아쉬울 뿐이었다. 그러나 조지 마이클의 고난은 여기서 끝나지 않았다. 1997년에 어머니를 여읜 조지는 1998년에 공연 음란죄로 체포되며 세상을 충격에 빠뜨렸다. 화장실에서 한 남성이 요구한 노출에 응했다는 내용이 워낙 자극적이라 조지의 이미지는 땅바닥으로 추락했는데, 문제는 경찰의 함정 수사였다는 점이다. 느닷없이 조지가 체포되어 당황한 건 경찰만이 아니었다. 전 세계가 그랬고, 조지 마이클은 이전에 밝힌 적 없던 자신의 성적 취향을 강제로 공개하고 말았다. 명백한 인권 침해였다.

함정 수사였던 점이 정상참작되어 벌금 810달러와 80시간의 사회봉사 정도로 사건은 마무리되었지만, 이미 망가진 이미지는 아무도 되돌릴 수 없었다. 조지는 같은 해 발매된 〈Outside〉의 뮤직비디오로 당시 상황을 풍자했지만, 당시 조지를 체포한 경찰이 명예훼손으로 조지를 고소하는 등 진흙탕 싸움을 지속했다.

1999년 전곡이 커버로 이루어진 4집 앨범《Songs from the Last Century》를 발표했지만, 커리어 처음으로 UK 차트 1위에 진입하는 데 실패했다. 2003년 5집《Patience》는 다시 1위를 차지하지만, 이는 조지의 마지막 정규 앨범이다. 2006년에 마약 소지 혐의로 체포되고, 2010년에는 술과 마약에 중독된 상태로 운전해 기소되는 등 더는 음악하는 모습을 대중에게 보여주지 않았다.

조지의 주변인들 사이에선 조지가 더 큰 음악적 성과를 이루지 못한 스트레스 탓에 마약을 했다는 말이 나올 정도였으니 그 좌절감이 어느 정도였는지는 안 봐도 뻔하다. 조지는 간혹 공연에 모습을 비추며 근황을 전하다가 2016년 크리스마스에 심장마비로 세상을 떠났다. 조지의 노래 〈Last Christmas〉가 떠오르는 아이러니한 죽음이었다. 내가 겪은 팝스타의 죽음 중 한국에서 가장 떠들썩하게 보도된 세 명이 바로 마이클 잭슨과 휘트니 휴스턴과 조지 마이클이다. 모두가 시대를 대표한 뮤지션이었기에 그들의 죽음은 한 시대가 저무는 듯한 느낌을 주곤 했다.

조지가 세상을 떠난 이후, 〈Last Christmas〉의 차트 순위는 급상승하더니 기어이 2020년엔 UK 차트 1위를 차지했다. 이는 아직 조지를 기억하는 사람들에게 선물 같은 소식이었다. 매년 돌아오는 크리스마스는 물론이고, 수시로 조지의 노래는 전 세계 곳곳에서 흘러나오며 떠난 사람을 기억하고 있다. 순진하던 천재의 날개는 세상의 악독함 때문에 차츰 꺾였다. 조지의 삶은 많은 이에게 여운을 남길 수밖에 없는 안타까움으로 가득하다. 가끔 생각해 본다. 조지가 언론의 등쌀을 조금 더 우직하게 버틸 수 있는 사람이었다면, 혹은 조금 더 얄밉게 대응하는 사람이었다면 어땠을까.

오늘도 조지 마이클의 노래를 들으며 그 시절의 조지를 그려본다. 사랑하는 사람들의 인생이 안타깝게 마무리될수록, 우리는 그들을 더욱 오래 남기고 기억하는 게 아닐까.

PLAY LIST

- Wake Me Up Before You Go-Go(Wham!)
- Last Christmas(Wham!)
- Freedom(Wham!)
- Careless Whisper
- Faith
- Father Figure
- One More Try
- Kissing a Fool

트리비아

- 〈Last Christmas〉는 의외로 발매 당시에 영국 순위 2위에 그쳤는데, 당시 1위를 차지한 곡은 밴드 에이드의 〈Do They Know It's Christmas?〉였다.

이 곡은 조지 마이클을 비롯해, 당대의 영국 최고 가수들이 참여한 자선 싱글이었고 미국의 자선 싱글 〈We Are the World〉가 나온 계기가 되기도 했다. 이후 밴드 에이드를 주도한 밥 겔도프는 라이브 에이드라는 초대형 자선 공연 또한 개최했다.

- 조지는 웸의 해체 콘서트에서 앤드류를 끌어안으며, "네가 없었으면 지금의 나도 없었다."라고 말했다. 앤드류는 해체 이후에도 조지 마이클의 친구로 남아 그를 응원했고, 2019년에는 자서전 《조지 마이클과 나》(한국명 라스트 크리스마스)를 출간하며 친구를 추억했다. 앤드류는 조지를 부정적으로 생각하는 사람들에게 좋은 면을 보여주고 싶어 자서전을 냈다고 밝혔다.

조지의 파트너였던 앤드류는 웸! 해체 이후 어떤 활동을 했을까. 해체 이후 모터 레이싱에 도전하며 하고 싶은 일에 열중하던 중 1990년 《Son of Albert》라는 솔로 앨범을 발매했다. 《Son of Albert》는 앤드류 리즐리가 커버곡 두 곡을 제외한 전곡에 참여하고, 프로듀싱도 하는 등 자신의 재능을 드러낸 앨범이었다.

다만 싱글 〈Shake〉가 호주 차트 16위에 진입한 걸 제외하면 상업적 성과는 미미했다. 그러나 〈Shake〉와 〈Red Dress〉 같은 곡에서 앤드류가 추구하는 음악색을 확인할 수 있다. 앤드류는 웸! 시절처럼 젊은이들이 좋아할 만한 음악을 추구했고, 영원히 젊은 모습으로 남길 원했다. 이후 앤드류는 음악 활동을 완전히 접었다. 1991년 조지 마이클의 록 인 리오 공연에 특별 출연한 게 전부였고, 지금은 조용하지만 꾸준히 웸!과 조지의 이야기를 풀며 종종 모습을 드러낸다.

 Shake

"Stop! Hammer time."
멈출 수 없는 즐거움을 준 MC 해머

◄ ❚❚ ►

나는 힙합을 좋아한다. 음악 장르인 힙합도 그렇지만, '힙합'이라는 단어의 차진 질감(?)이 좋다. 입에 착 감긴달까? 힙합의 어원을 둘러싼 여러 말들이 있지만, 나는 그중에서도 'hip(엉덩이)을 hop(껑충 뛰다)'한다는 의미에서 힙합이라는 단어가 탄생했다는 가설을 가장 좋아한다.(유력한 가설이기도 하다.) 그만큼 나는 엉덩이를 들썩이게 하는 파티 음악을 사랑한다.

정확히 90년대부터 치고 들어와, 이제는 대중음악의 완전한 주류가 된 음악이 바로 힙합이다. 지금은 힙합 하면 삶의 애환이 녹아든 가사와 저항 정신, 혹은 '플렉스'라는 단어로 대변되는 과시와 허세 등을 떠올리나 그때는 아니었다. 90년대 최초의 힙합 스타가 팝랩(Pop Rap)으로 무장한 MC 해머와 바닐라 아이스라는 사실은 뒤늦게 힙합을 알게 된 내게 이질감을 주곤 했다.

팝스타처럼 취급되는 MC 해머지만, 그의 삶과 성장 과정은 여느 가난한 래퍼들과 비슷했다. 차이라면 엔터테인먼트를 추구한 점 하나뿐. 1962년, 스탠리 커크 버렐이라는 이름으로 오클랜드에서 태어난 MC 해머는 정부가 개발한 저소득층 주택 단지(housing project apartment)에서 자라며 가난한 어린 시절을 보냈다. 자칫하면 범죄에 빠져들 수 있었지만 그런 일은 일어나지 않았다. 해머는 야구를 광적으로 좋아했고, 경기장에서 춤을 추면서 돈을 모으거나 공짜 표를 얻곤 했다.

어린 해머는 제임스 브라운의 영향을 받아 다리를 찢는 동작의 춤을 추곤 했는데, 구장에서 멋진 춤으로 흥을 돋우는 아이가 있다는 소문은 오클랜드 애슬레틱스의 구단주에게까지 닿았다. 그 덕에 어린 해머는 구단의 배트 보이가 되었다. 선수들은 어린 해머에게 전설적인 거포 행크 애런을 닮았다며 그의 별명에서 따온 '리틀 해머'라는 별명을 붙여주고, 이는 훗날 우리가 아는 MC 해머의 유래가 된다.

해머에겐 특유의 쇼맨십과 넉살이 있었다. 그리고 모든 상황을 긍정적으로 헤쳐 나가려는 마음가짐이 있었다. 대학생이 되어서도 야구를 했고, 트라이아웃에서 탈락한 뒤 야구 선수의 꿈을 포기하며 잠시 방황하기도 했다. 친구들이 마약 거래로 일주일에 약 6,000달러씩 벌어들이는 걸 목격하고 한때 흔들리지만, 아버지의 만류로 마음을 다잡았다.

해머가 택한 활로는 군대였다. 3년간 복무하며 룸메이트와 함께 랩을 쓰면서 본격적으로 음악의 길을 걸었다. 이전까지만 해도 취미로 시를 쓰거나 CM송을 만드는 게 전부였던 해머는 전역하자마자 가스펠 랩 그룹을 결성하며 음악에 무섭게 몰두했다. 그리고 자신만의 레이블을 설립하려고 어린 시절에 친분을 쌓아둔 야구 선수들을 찾아갔다.

해머는 특유의 넉살로 자신의 춤과 비전을 어필, 선수 2명에게 2만 달러씩 총 4만 달러를 투자받았다. 무명 시절 해머는 집 밖의 부촌을 바라보며 아내에게 "우리는 저기서 살게 될 것"이라고 말하기도 했다. 그만큼 야망이 넘쳤고 자신감 또한 있었다. 해머는 미국 서부 구석구석을 돌며 클럽 DJ에게 자신의 앨범을 전달했고, 밤마다 그 일대를 장악하며 이름을 알렸다. 화려한 춤과 노래를 곁들인 해머의 인디 앨범은 전국적으로 6만 장이 팔렸고, 메이저 레코드사도 관심을 보였다.

캐피톨 레코드는 대중음악 시장에서 랩이 점차 강세를 보인다고 판단, 래퍼를 찾고 있었고 MC 해머를 적임자로 삼았다. 해머는 메이저 데뷔의 기로에서도 기죽지 않고 협상에 돌입, 계약금으로 무려 75만 달러를 받는 데 성공한다. 욕설 한 번 하지 않고 살아온 해머마저 육두문자를 내뱉을 정도의 거금이었다. 해머의 메이저 1집 《Let's Get It Started》는 1988년 발매되었는데, 기존 인디 앨범을 조금 다듬고 신곡을 덧붙인 앨범이었다.

해머는 이 시절부터 '토끼춤'으로 불리는 러닝맨 댄스를 췄고,

요리조리 날아다니며 대중의 이목을 끌었다. 해머는 백댄서들을 끝 없이 닦달하며 칼군무를 만들었는데, 당시 일화를 보면 전국 각지에 서 모은 댄서들에게 매일 4마일(약 6.4km)의 조깅과 웨이트 트레이 닝, 최소 6시간의 춤 연습을 요구했다고.

해머는 자신을 엔터테이너로 정의했다. "나는 랩을 한다. 하지만 노래도 하고, 춤도 춘다. 나는 그냥 랩보다 훨씬 많은 일을 한다."라 면서. 1집은 미국 내에서만 100만 장 넘게 팔렸고 최종 판매량이 200 만 장을 기록하는 등 흥행 성적이 훌륭했으나, 해머는 대중성을 더욱 강화해 더 큰 성공을 노렸다.

1989년, 자신의 고향 야구팀 오클랜드 애슬레틱스가 9번째 우승 을 차지한 그해, 해머는 2집에 수록할 신곡을 TV에 선공개했다. ⟨U Can't Touch This⟩는 다음 해, 해머의 메가톤급 성공을 이끌며 해머 를 세계 최고의 엔터테이너로 만들었다.

전 세계적인 열풍을 일으킨 ⟨U Can't Touch This⟩의 핵심 성공 요인은 춤이었다. "Stop! Hammer Time"으로 마무리되는 해머 댄스

⟨U Can't Touch This⟩ 싱글 커버

는 해머의 엔터테이너적 기질을 15초로 압축해 보여주는 하이라이트였다.

뮤직비디오에 등장하는 해머 댄스에도 비화가 있는데, 본디 댄스 부분을 편집하고 다른 그림으로 채우려던 감독을 해머가 가로막으며 무편집으로 만들었단다. "이걸 무편집으로 15초나 내보내면 누가 보겠느냐."라며 의견 충돌이 일어났지만, 이는 해머의 완벽한 판단이었다.

자유분방하고 에너지 넘치는 춤은 그 자체로 셀링 포인트가 되었고, 사람들은 이를 따라 해보려 안간힘을 썼지만 그 누구도 해머의 느낌을 내지 못했다. 파급력이 얼마나 컸으면, 뮤직비디오에서 해머가 입은 '해머 팬츠'가 영화 〈알라딘〉의 코스튬에도 영향을 주었다고 할 정도.

〈U Can't Touch This〉의 뮤직비디오에는 '토끼춤'을 비롯해 볼거리가 넘쳐났다. 그러면서도 '긍정의 힘'을 유지하며 전미에 자신의 건전함을 어필했다. 독실한 크리스천이었던 MC 해머는 가사에 "축복을 주셔서 감사하다."라는 구절을 집어넣으며 우리가 생각하는 갱스터 랩과 전혀 다른 방향을 추구했다. "넌 이 노래를 건드릴 수 없다."라며 스웩(swag)을 뽐내면서도 흔한 욕설도, 디스 구절도 넣지 않았다.

빌보드 싱글 차트 1위를 차지한 2집 수록곡 〈Pray〉는 제목처럼 오늘을 위해서 기도하자는 내용이었고, 2집과 함께 발매한 한 시간

분량의 단편영화는 고향에 돌아온 해머가 아이들을 운반책으로 삼는 마약 딜러를 무찌른다는 내용이었다. 인터뷰에서는 "매 앨범 주님을 향한 헌신을 담는다."라고 말했고, "가수 사이의 디스전은 더 큰 문제를 낳을 뿐"이라고도 했다.

이런 흥행 요소가 결합한 해머의 2집《Please Hammer Don't Hurt 'Em》은 힙합 역사상 최초의 1,000만 장 판매 기록을 달성하며 해머를 돈방석에 앉혔다. 〈U Can't Touch This〉가 릭 제임스의 〈Super Freak〉을 무단 샘플링해 수백만 달러를 합의금으로 쓰기도 했지만 (당시에는 샘플링과 관련한 저작권의 기준이 모호했고, 여러 차례의 법정 분쟁 끝에 지금의 기준이 정립되었다.) 그럼에도 1990년의 추정 수입은 무려 3,300만 달러였다. 그래미 3관왕을 차지하며 해머는 그 영예를 고스란히 누렸다.

해머는 곧장 대저택을 짓고, 최고급 가구를 비롯해 실내와 실외에 수영장을 하나씩 두는 등 지난 세월을 보상받으려는 듯 사치에 돈을 썼다. 자가용 17대, 여기에 경주마도 21마리 보유하며 차원이 다른 플렉스를 선보였다. 그러나 이런 소비가 지속되려면, 미래에도 같은 수준의 수입이 보장되어야 한다.

"사람들은 전통적인 랩 스타일과는 다른 걸 원한다."라고 말한 해머는 다음 앨범에서도 대중성을 유지했다. MC 해머에서 'MC'라는 이름마저 빼버리고, 활동명이 아예 해머가 되었다. 1991년 10월 발매된 해머의 3집《Too Legit to Quit》은 전 세계적으로 500만 장

공연 중인 MC 해머(1991년)

이상의 판매고를 기록하며 성공했으나, 2집의 성공에 비할 바는 아니었다. 해머의 몰락은 갑작스럽게, 그리고 가파르게 찾아왔다.

해머의 상업성은 정점을 찍어서 자신의 이름을 딴 애니메이션 《해머맨》을 방영할 정도였으나 스타성이 점점 떨어지는 것이 문제였다. 게다가 트렌드도 변하고 있었다. 1991년 5월, 해머의 3집 발매 다섯 달 전 개편된 빌보드 앨범 차트의 집계 방식은 트렌드의 변화를 오롯이 보여주었다. 음반 가게와 라디오 방송국으로부터 보고서를 받아 차트에 반영하던 지난날과 달리, 사운드스캔 시스템을 도입해 판매량을 정확하게 집계한 것이다. 그 결과 갱스터 랩 그룹인 N.W.A가 앨범 차트 1위를 차지하며 차트에 격변이 일어났다. 거친 힙합 또한 대중의 사랑을 받을 수 있음이 증명된 셈이다. 이런 흐름을 반영하듯 힙합의 대세는 삽시간에 뒤바뀌었다.

해머는 인기가 주춤했지만 여전히 지출이 많았다. 3집 발매 이후 초호화 장비를 동원하며 투어를 돌고, 고용한 인원만 200명이 넘는 수준에 이르렀다. 사람이 착한 것도 문제였다. 해머는 꾸준히 선행을 베풀었고, 고용인 중에서는 사정이 좋지 않아 채용해 준 지인도 많았다.

한 달 기본 비용만 50만 달러 이상이었다. 막대한 지출은 점차 수입으로 감당 못할 정도가 되었다. 절치부심한 해머는 1994년 3월, 약 2년 반 만에 완전히 달라진 사운드로 4집 《The Funky Headhunter》를 발표했는데, 이는 대중들에게 철저하게 외면당했다. 대세를 따라 갱스터 랩을 시도했으나 이도 저도 아닌 시도였다. 해머의 순수함을 좋아하던 기존 팬들에게도, 갱스터 랩을 좋아하는 힙합 팬들에게도 굳이 앨범을 찾아 들을 이유가 없었다. 심지어 "사람이 너무 착해 이런 랩은 안 어울린다."라는 말까지 있었다.

해머는 한 시대를 풍미한 가수로만 남은 채 부활에 실패했고, 결국 1996년 파산을 선언하며 충격적인 몰락을 알렸다. 재산이 960만 달러였는데 빚은 1,300만 달러가 넘었다. 해머는 자신이 돈을 어떻게 다루는지를 전혀 몰랐다며, 돈과 관련한 책은 많으나 "2~3천만 달러의 관리법을 알려주는 책은 세상 어디에도 없더라."라고 회고했다.

해머는 다시 이름을 MC 해머로 바꾼 뒤, 몇 장의 앨범을 더 발표하나 기억에 남는 앨범은 없었다. 이후로는 성직자의 삶을 산다고

싸이와 함께 공연 중인 모습(2012년)

알려지기도 했지만, 이는 일부 모습이고 각종 투자와 자문을 하는 사업가로 활동하기도 했다. 최근에도 SNS로 그의 활발한 근황을 확인할 수 있으며, 여전히 긍정적인 태도로 해머를 기억하는 많은 이의 사랑을 받고 있다. 요새 한국에서는 2012년 강남스타일 열풍 이후 싸이와 함께 공연하던 모습으로 기억되거나, 룰라의 이상민이 예능에서 MC 해머와 함께 곡 작업을 하던 추억을 언급할 때 옛 가수로 소환(?)되는 편이다.

해머는 자신이 잘 나가던 시절에 도와준 친구들의 90퍼센트가 자신이 파산하자 떠나갔다며 씁쓸함을 표했다. 해머의 랩에는 시대정신도, 사회 비판도 없었다. 수많은 래퍼들에게 디스당하며 한때 웃음거리가 되었지만, 해머는 그저 남을 즐겁게 할 뿐이었다. 힙합과 해머를 같이 떠올리는 사람은 드물겠지만, 엔터테인먼트와 해머를 같이 떠올리는 사람은 많을 것이다. 모두가 그를 보면 행복했으니 말이다. 해머는 이미 대중음악 역사에 큰 발자취를 남겼다.

PLAY LIST

- Let's Get It Started
- They Put Me in the Mix
- U Can't Touch This
- Pray
- Have You Seen Her
- 2 Legit 2 Quit
- Addams Groove

트리비아

- 1992년 11월 MC 해머의 내한 공연이 있었다. 트럭 8대 분량의 무대 장비와 수십 명의 인력을 동원해 화제가 되었다. 해머가 수익금 일부를 LA 폭동에 피해를 입은 한인 단체에 기부하겠다고 밝히며, 사람 좋은 인성을 다시 한번 확인해 주었다.

지금은 에미넴이 백인 래퍼의 상징이 되었고, 실제로 에미넴의 음악적 성취는 독보적이다. 하지만 에미넴이 등장하기 이전, 즉 MC 해머 시대에도 차트를 수놓던 백인 래퍼들이 있었다.

그 유산이 에미넴에 비할 바는 아니겠지만, 이들의 음악 또한 그 시절 사람에겐 좋은 추억거리다. 당시 빌보드 1위를 차지했던 백인 래퍼 3명을 소개한다.

바닐라 아이스
– Ice Ice Baby (1990)

사상 최초의 힙합 빌보드 1위곡. 어린 시절부터 흑인들과 함께 노래하고 춤을 추던 바닐라는 퀸의 'Under Pressure'를 샘플링한 'Ice Ice Baby'로 슈퍼스타가 되었다. 그러나 MC 해머와 마찬가지로 샘플링 허락을 받지 않아 고초를 겪었다.

마키 마크 앤 더 펑키 번치
– Good Vibrations (1991)

지금은 배우로 더 유명한 마크 월버그지만 원래 래퍼 '마키 마크'로

179

유명했다. 그는 뉴 키즈 온 더 블록의 멤버, 도니 월버그의 동생이기도 하다. 문제아 마크는 도니의 지원사격과 섹스어필을 바탕으로 빌보드 1위 가수가 되고, 이후 배우로 전향했다.

스노우
– Informer (1992)

캐나다 래퍼 스노우는 레게와 힙합을 합친 〈Informer〉로 빌보드 1위에 올랐다. 스노우 또한 거친 삶을 살았는데, 이 노래의 가사 자체가 나를 신고한 '밀고자'를 응징하겠다는 내용이다. 실제로 스노우는 당시를 "감옥에서 가사 쓰다가 출소하니까 1위 싱글 보유자가 되어 있었다."라고 표현했다.

80년대와 OO년대를
연결해 준 남자, 릭 애슬리

책을 쓰면서 가장 힘들었던 건 가수 선정 작업이었다. 다루고픈 가수는 많은데 지면은 한정되어 있으니까. 그럼에도 단 한 번도 빼려는 고민조차 안 한 가수가 바로 릭 애슬리다.

한때는 릭 애슬리만이 우리와 8090 세대를 연결해 줄 유일한 연결 고리였다. 〈Never Gonna Give You Up〉의 전설을 기억하는가? 8090 세대에겐 댄스팝 히트곡, 우리 세대에겐 낚시의 아이콘으로 남은 그 곡 말이다. 복고 마니아가 되기 전까지, 나한테 릭 애슬리는 코미디언 같은 느낌이었다.

방정맞은 멜로디에 어딘가 진지한 양복, 거기에 동굴 메아리 같은 목소리를 내뿜으며 몸을 흔들려고 노력하는 한 남자의 모습. 릭 애슬리는 모든 언밸런스의 조합이었다. 하지만 복고맨이 된 이후로는 릭 애슬리를 존경한다. 릭은 나처럼 예의 없는 젊은이도 넓은 마음으로 받아들인, 이 시대의 진정한 슈퍼스타다.

릭의 부모님은 뇌수막염으로 아들을 한 번 잃은 적이 있었고, 릭이 어릴 때 이혼했다고 한다. 그 탓인지 릭은 자기 주변에 어딘가 어두운 기운이 있었다고 증언한다. 그리고 그런 어두움을 음악으로 잊곤 했다고. 만 열여섯 살에 이미 학교를 나와 음악을 하던 릭은 드러머에서 보컬로 포지션을 바꾸고, 금세 피트 워터맨이라는 프로듀서의 눈에 띄었다. 릭의 목소리에 분명 무언가가 있었기 때문이다. 릭은 1년 넘게 피트의 스튜디오에서 허드렛일을 하다가 마침내 1987년 데뷔 앨범을 발매했다. 그 앨범의 역사적인 첫 싱글이 바로 〈Never Gonna Give You Up〉. 릭은 순식간에 톱스타에 등극, 월드 투어를 돌았다.

〈Never Gonna Give You Up〉은 전 세계 차트 1위를 석권하는

〈Never Gonna Give You Up〉 뮤직비디오의 한 장면

데, 그 시절을 기억하는 분들께 소회를 여쭤보면 롤러장의 추억을 떠올리신다. 80년대는 그런 점에서 다채롭다. 조지 마이클의 〈Father Figure〉와 마이클 잭슨의 〈Man in the Mirror〉 사이에 끼인 1위곡이 이 곡이었으니까. 먼 훗날, 릭 애슬리도 두 마이클에 버금가는 생명력을 갖게 되지만 말 그대로 먼 훗날의 일이다.

릭 또한 이후 생활이 순탄치만은 않았다. 릭을 프로듀싱한 피트 워터맨은 영국의 프로듀싱 그룹 SAW(Stock Aitken Waterman)의 일원이었다. DOA의 〈You Spin Me Round〉를 비롯, 바나나라마의 〈Venus〉와 〈Love in the First Degree〉, 카일리 미노그의 〈I Should Be So Lucky〉 등을 프로듀싱한 명실상부 댄스 음악의 황제였다. 그래서 편견과 싸워야 했다. SAW가 없으면 아무것도 못할 가수라는 색안경에 맞서, 2집부터는 전곡을 작사 작곡했다. 그리고 SAW의 프로듀싱 없이 〈She Wants to Dance with Me〉라는 곡을 히트시키기도 했다. 이후로는 자신의 음악을 정립하기 위해 SAW와 결별하고, 자신이 주도적으로 작곡한 3집《Free》를 발매하며 좀 더 무거운 음악을 보여주었다. 그렇게 시간이 지났다.

1993년, 릭은 아직도 스물일곱에 불과했지만 권태가 찾아왔다고 말했다. "팝스타의 삶이 내가 기대하던 모습은 아니었다."면서. 릭은 막 태어난 딸에게 사랑을 쏟기로 결심하고, 그해에 이른 은퇴를 선언했다. 2000년에 복귀하지만, 그 이후의 음악은 본인의 취향대로 만들었다. 2005년에 발매한 스탠더드 팝 커버 앨범《Portrait》가 이를 증명한다. 《Portrait》는 큰 홍보 없이 UK 차트 26위를 기록했고, 릭에게 21세기는 별 탈 없이 흘러가고 있었다.

여기서 잠시 인터넷의 세계로 눈을 돌려보자. 나는 아날로그와 디지털의 경계선에 태어났고, 부모님은 일찌감치 컴퓨터를 집에 들이셨다. 누구보다 유머를 소비하기 쉬운 세대가 되었다는 말이다. 가장 만만한 대상은 단연 연예인이었고, 수많은 연예인이 밈이라는 이름으로 갈려 나갔다.

그래서 한 가수를 두고, 현세대와 과거 세대 사이에 인식 차이가 꽤 심한 경우도 있었다. 릭 애슬리는 SAW 사단의 피트 번즈와 더불어 인터넷 시대의 최대 피해자였다. 먹잇감을 찾던 네티즌에게 릭 애슬리가 걸려들었다. 초기 히트곡 〈Never Gonna Give You Up〉의 뮤직비디오를 보자. 지금 기준으론 어딘가 촌스럽고 느끼하며, 도입부부터 릭이 천진난만하게 몸을 흔들어 젖히는 모습이 묘한 중독성을 불러일으킨다. 무엇보다 SAW 특유의 착 감기는 멜로디, 가벼운 리듬과 상반되는 릭의 두꺼운 목소리가 도저히 음악을 끌 수 없게 한다.

40~50대 분들은 나한테 도대체 어디가 웃긴 거냐고 반문한다. 하지만 젊은이들이 느낀 감정은 그랬다. 레트로가 유행하는 지금도 릭 애슬리를 위시한 롤러장 음악은 우선순위에서 밀리는 경향이 있다. 나조차도, 이 감성이 80년대를 대변한다는 사실을 유튜브 채널을 운영하면서 알게 되었다.

젊은이들은 이 곡을 낚시용으로 사용했다. 파격적인 제목으로 클릭을 유도한 뒤, 막상 본문에서는 〈Never Gonna Give You Up〉의 뮤직비디오를 자동 재생하는 방식이다. 서사가 바뀐 이 곡은 순식간에 사람을 약 올리는 음악이 되었다. 이 낚시는 '릭롤링'(rickrolling)이란 이름으로 전 세계에 퍼졌는데, 이는 릭 애슬리의 rick과 기존 낚시 짤방으로 통했던 duckroll을 합친 단어다. 릭은 인터넷 문화의 태풍이었다. 영국의 정론지인 가디언마저, 릭 애슬리 인터뷰라며 링크를 띄워놓고 막상 클릭하면 〈Never Gonna Give You Up〉 뮤직비디오를 틀어줄 정도였으니. 유튜브 또한 마찬가지였다. 2008년 4월 1일, 유튜브는 만우절을 기념해 메인 페이지의 모든 추천 영상을 〈Never Gonna Give You Up〉으로 리다이렉트하는 이벤트를 진행했다. 릭 애슬리를 대선 후보로 만든 홍보 포스터도 있었다. 공약도 "그는 당신을 포기하지 않습니다.(Never gonna give you up) 그는 당신을 실망시키지 않습니다.(Never gonna let you down)" 이런 식이었다.

나는 그 밈을 2010년에 알게 되었다. 유학길에 오르고 일주일이 지났을까. 홈스테이 친척집에 놀러가서 빈둥거리는데 갑자기 거기 아들 녀석이 대박 뉴스가 있다고 운을 떼는 거다. 그리고 클릭해 보라면서 자기 노트북을 보여주는데, 이게 뭐지, 클릭하니까 릭 애슬리가 튀어나왔다. 처음 릭 애슬리의 뮤직비디오를 접한 나는 말 그대로 바보가 된 기분이었다. 이후로도 릭의 노래는 심심하면 튀어나왔고, 이후로는 낚시보다도 그 자체로 합성과 리믹스의 필수 요소가 되었다.

당연히 릭도 이 광풍을 알 수밖에 없었다. 릭의 말로는 언제부턴가 친구가 자기한테 계속 이메일로 무슨 링크를 보내고, 링크를 클릭하면 내 뮤직비디오가 튀어나오더라면서, 몇 번이나 그러니까 도대체 무슨 일이 벌어지는 거냐고 물었단다. 밈이 탄생한 2008년 전후로 릭 애슬리는 부활했고, 릭은 전혀 의도하지 않은 방향으로 성공을 누렸다.

자신을 웃음거리로밖에 소비하지 않는 인터넷 세대. 하지만 릭은 이를 기쁘게 받아들였다. "인터넷에서 사람들이 소비하는 문화일 뿐"이라며, 신세대가 자신을 비웃는다는 생각은 하지 않는다고. 덧붙여 이 정도까지 왔으면 받아들여야 한다는 자포자기성 발언도 했다. 릭은 모든 일을 즐겼다. TV에도 나와 시도 때도 없이 릭롤링을 하며 광풍의 주인공이 되길 자처했다.

릭의 성공엔 그 어떤 마케팅도, 리믹스나 재발매 등의 '상술'도 없었다. 이는 오롯이 네티즌의 재해석과 본인의 동조로만 이루어진 일종의 기적이었다. 사람들은 죄책감 없이 곡을 갖고 놀다가, 나중엔 노래를 떼창하는 지경에 이르렀고, 그렇게 8년이라는 시간이 흘렀다. 릭은 그동안에도 자신만의 음악을 정립하려는 노력을 지속했다.

2008년 직접 TV에 나와 릭롤링을 하는 릭 애슬리

TV쇼에서 노래하는 릭 애슬리(2023년)

2016년, 릭은 자신의 50세를 기념하여 11년 만에 《50》으로 명명된 신보를 발표했다. 자전적 이야기를 담고, 전곡의 작사 작곡과 프로듀싱, 악기 연주까지 도맡은 앨범이었다. 대표곡인 〈Keep Singing〉을 보자. 자신의 행복하지 못했던 어린 시절을 되짚은 뒤, 그럼에도 난 계속 노래할 것이라고 말한다. 〈Angels on My Side〉에서는 간혹 내 자신이 무너질 것 같다며 푸념하지만, 천사가 항상 내 곁에 있으니 괜찮을 것이라고 노래한다.

《50》은 젊은이를 깜짝 놀랬다. 당시 SNS에서는 "왜 진짜 노래가 좋냐?"는 반응을 비롯, 그 음악에 놀란 젊은이들이 상당수였다. 《50》은 데뷔 앨범 이후 28년 만에 자국 차트 1위를 차지하며 릭 애슬리의 완벽한 부활을 알렸다. 릭은 자신이, 웃기지만 우습지는 않은 가수라는 걸 입증했다.

진정한 슈퍼스타는 대중을 이용할 줄 안다. 릭은 릭롤링 덕에 신세대가 자신을 알게 되었다고 말한다. 이후 반전을 보여주며 자신의 목소리가 얼마나 매력적인지 입증했고, 그 음악적 능력마저 증명했다.

물론 릭이 이 모든 과정을 설계하고 릭롤링을 함께 즐긴 건 아닐 터다. 하지만 위기를 기회로 만드는 일련의 과정은 아직 조롱과 비판을 받아들이지 못하는 내게 교훈을 안 줄래야 안 줄 수가 없다. 지금의 릭은 80년대보다 더 행복해 보인다. 모두가 좋아하고, 인정하는 사람. 나는 릭 애슬리처럼 나이 들고 싶다는 생각을 요새도 종종 한다.

PLAY LIST

- 🎧 *Never Gonna Give You Up*

- 🎧 *Together Forever*

- 🎧 *She Wants to Dance with Me*

- 🎧 *Cry for Help*

- 🎧 *Keep Singing*

- 🎧 *Angels on My Side*

트리비아

- '릭롤링'을 처음 전파한 사람은 영국인 cotter548(유튜브 닉네임)이었다. 2007년, 록스타 게임즈의 기대작 GTA 4(Grand Theft Auto IV)를 기다리던 그는 GTA 4의 예고편이 나왔다면서 사람들을 유인했다. 하지만 막상 영상으로는 RickRoll'D라는 제목으로 업로드된 릭 애슬리의 〈Never Gonna Give You Up〉 뮤직비디오를 보여주었고, 이는 폭발적인 반응을 몰고 왔다. 릭롤링의 시작이었다.

해당 영상은 현재 9,500만 회에 달하는 조회수를 기록 중이며, cotter 548은 릭롤링 영상을 올릴 당시 한국에 거주 중이었다. 실제로 cotter548 채널의 첫 업로드 영상은 잠실 롯데월드 탐방이다.

릭 애슬리와 피트 번즈의 DOA, 바나나라마 등을 히트시킨 영국의 프로듀서 스톡 에이트켄 워터맨(이하 SAW)은 이외에도 수많은 곡을 만들어 80년대를 흥겹게 했다. SAW의 곡 중 언급되지 않은 히트곡들을 살펴본다.

카일리 미노그
– I Should Be So Lucky (1987)

지금은 전설이 된 카일리 미노그의 영국 데뷔곡. 본래 배우였던 카일리는 가수 데뷔를 위해 SAW에게 곡을 의뢰하나, SAW는 까먹고 약속한 기간까지 곡을 만들지 못했다. 전화로 대책 회의를 하던 그들은 "카일리가 곡을 받으려면 아주 운이 좋아야 할 것(She should be so lucky)"이라고 말했고, 이 말에서 영감을 얻어 곧바로 곡을 써내려갔다. 그렇게 탄생한 곡은 카일리 전설의 시작이 된다.

도나 서머
– This Time I Know It's for Real (1989)

〈Hot Stuff〉를 비롯 많은 노래로 70년대를 풍미한 디스코 가수 도나 서머의 후기 히트곡. 침체기를 겪던 도나 서머는 SAW와 협업해 자신의 마지막 히트곡을 배출한다. 이 곡은 빌보드 7위와 UK 차트 3위에 올랐고, 또 다른 수록곡 〈I Don't Wanna Get Hurt〉는 UK 차트 7위, 〈Love's about to Change My Heart〉는 빌보드 댄스 차트 3위에 오른다.

카일리 미노그·제이슨 도노반
– Especially for You (1988)

SAW의 댄스곡이 아니다. 듀엣 발라드다. 한 드라마에 연인으로 출연했던 카일리 미노그와 제이슨 도노반은 실제 연인이 되어 함께 SAW 사단의 가수로 데뷔하는 등 행보를 같이하고 있었다. 둘의 케미스트리를 절정으로 뽑아내려고 만든 곡이 바로 이 노래다. 이 곡의 성공을 바탕으로, 제이슨 도노반 또한 1989년 영국에서 음반을 가장 많이 판 가수가 되며 SAW의 성공작이 된다.

남녀 경계를 뛰어넘다,
컬처클럽·유리스믹스

◀ ❚❚ ▶

'여장 남자'와 '남장 여자'. 성별의 전형성이 흐려진 요새
는 사용하지 않는 용어다. 남자가 화장에 관심이 많아도 이상하지 않
고, 반대로 여자가 단발 머리를 해도 크게 신경 쓰지 않는다. 물론 다
양성이 존중받는 세상이 어느 날 갑자기 나타난 건 아니다. 멀리서는
60년대부터, 글램 록과 뉴로맨틱 등 스테레오타입을 깨는 파격으로
대중에게 다가간 장르(혹은 문화)들이 먼저 있었다.

80년대의 컬처클럽과 유리스믹스는 그중에서도 대중에게 가장
가까이 다가온 그룹이었다. 컬처클럽의 보이 조지는 남자임에도 짙
은 화장과 예쁜 외모로 '여장 남자'라는 칭호를 얻었고, 유리스믹스
의 애니 레녹스는 여자임에도 짧은 머리와 중성적인 목소리로 '남장
여자'라 불렸다. 80년대의 칼럼과 기사 등을 확인하면서 당시 노골적
인 호칭에 다소 놀란 기억이 있다.

둘은 완벽하게 대치되는 비주얼과 80년대 브리티시 인베이전의

중심이라는 특징 덕에 한 세트로 묶이곤 했다. 하지만 막상 음악 색깔도 달랐고, 서로 접점도 거의 없었으며, 성정체성의 장벽을 깬다는 밴드의 콘셉트를 정립한 계기도 전혀 달랐다. 그럼에도 둘의 독특함은 40년이 지난 지금도 심심치 않게 회자되고 있다. 나 또한 둘의 이야기를 묶어서 이야기를 풀어보고자 한다.

컬처클럽의 리더, 보이 조지

1961년에 태어난 보이 조지는 뉴로맨틱 문화에 심취해 데뷔 전부터 나이트클럽에서 살다시피 했다. 뉴로맨틱이란 70년대 말부터 영국에서 흥한 젊은이들의 문화를 말한다. 데이비드 보위와 같은 전위적 뮤지션과 19세기 로맨틱 스타일의 영향을 받았으며, 자신들만의 독창적인 화장과 패션을 뽐냈다.

보이 조지는 생계도 클럽에서 일하며 꾸릴 정도였다고 하니 하루하루가 광란이었다. 방탕한 생활을 지속하다가 섹스 피스톨즈의 매니저였던 말콤 맥라렌의 눈에 띄어 음악을 시작했고, 그의 품을 벗어나 처음으로 만든 밴드가 바로 컬처클럽이었다. 아일랜드계 보컬 보이 조지와 순수 영국인 기타리스트 로이 헤이, 자메이카계 베이시스트 마이키 크레이그와 유대계 드러머 존 모스가 모였으니, 이름 그대로 '문화의 집결지'가 된 것이다.

보이 조지는 컬처클럽의 두뇌이자 심장, 얼굴이었다. 보이 조지와 컬처클럽 자체가 거의 동의어 취급받기도 한다. 기실 컬처클럽은 폭주하는 보이 조지의 억제기 같은 존재였는데, 멤버들은 압도적인 개성을 자랑하는 보이 조지가 음악에서는 오히려 개성을 약간 억누르도록 했다. 특이한 비주얼과 대중적인 노래의 조합은 컬처클럽이기에 가능한 결과물이었다.

보이 조지는 자신의 성별을 규정짓지 않았다. 컬처클럽은 1982년 데뷔했는데, 그 시절 막 개국한 MTV가 보기에 보이 조지는 당연히 비디오 스타를 키우고자 했던 자신들의 의도에 안성맞춤이었다.

대중들은 보이 조지의 비주얼에 충격을 받고 음악에 반했다. 컬처클럽의 음악은 레게와 소울, 댄스 등 역시나 다양한 문화 요소를 품었고, 80년대 브리티시 인베이전의 중심이 되며 전 세계를 강타했다.

1집 〈Do You Really Want to Hurt Me〉가 빌보드 2위를 비롯해 전 세계 차트 1위를 석권하더니, 2집 〈Karma Chameleon〉으로 정점을 찍었다. 특히나 2집《Colour by Numbers》는 자타공인 컬처클럽의 대표 앨범으로 회자되는데, 치밀하게 설계된 곡을 보이 조지의 나긋나긋한 목소리로 편안하게 들려준다. 기존 요소들을 조합해 재창조하는 문화 집결지의 면모는 여전했으며, 이 시기 보이 조지의 적은 오로지 보이 조지 자신이었다.

보이 조지는 동성애자로 데뷔 전부터 수많은 남자를 사귀었고, 밴드에서도 드러머 존 모스와 연애했다. 존은 자신을 "동성연애를 해 본 이성애자"로 규정하는데, 이성애자에게도 너무나 매력적이었던 그가 다시 한번 마수를 뻗은 순간이었다. 하지만 밴드 내 연애는 언제나 위험을 안고 있었고, 거기에 더해 보이 조지가 마약을 끊지 못하면서 컬처클럽의 위기는 심화되었다.

3집《Waking Up with the House on Fire》는 컬처클럽의 위기가 불거지기 전에 나온 마지막 앨범이다. 존 모스는 이 시기의 컬처클럽을 두고 "갑작스러운 명성이 멤버들에게는 조금 벅찼던 것 같다."라고 했다. 밴드 안에서 긴장감이 심화되자 존 모스와 보이 조이의 로맨스에도 고비가 찾아왔다. 4집《From Luxury to Heartache》

가 발매된 1986년, 보이 조지는 존 모스와 이별하고 마약에 심취해 일상생활이 불가능한 지경에 이른다. 보이 조지가 마약설을 부인하자 동생이 TV에 나와 "형은 마약중독이 맞다."라고 할 정도였다. 동생이 형을 살리고 싶어 TV에 나올 만큼 보이 조지는 살아 있는 게 기적인 수준이었다.

보이 조지 주변에는 마약하는 사람들뿐이었다. 이는 데뷔 전부터 지속된 방탕한 생활의 영향도 컸다. 자신의 주변인들마저 마약으로 숨지는 모습을 본 보이 조지는 마침내 상황을 인정하고 집중 치료에 돌입했다. 컬처클럽은 그렇게 짧은 전성기를 끝내고 해체했다.

유리스믹스의 보컬, 애니 레녹스는 1954년에 태어나 왕립음악원에서 플루트를 배웠다. 애니는 미래를 고민하던 평범한 젊은이였고, 하루는 자신이 서빙 일을 하던 식당에서 데이브 스튜어트를 만나 본격적인 스카우트 제안 겸 추파(?)를 받았다. 데이브는 애니의 목소리를 듣고 당장 음악하자며 꼬셨고, 동시에 청혼도 했다. 둘은 결혼하는 대신 연인이 되었고, 함께 음악 활동을 시작, '투어리스트'라는 밴드로 UK 차트 4위에 오른 히트곡을 내기도 하며 가능성을 보였다. 다만 이 시기의 애니는 보이시(boyish)하지 않았고, 평범한 보컬이었다. 보이 조지는 투어리스트의 공연을 봤지만, 그들이 조지의 스타일에 영향을 준 건 아니었다.

투어리스트의 핵심은 애니와 데이브가 아닌 피트 쿰즈라는 멤버였고, 밴드는 4년 만에 해체한 뒤 둘도 이별했다. 하지만 이내 연인이 아닌 동업자가 되어 결성한 그룹이 유리스믹스다. 애니는 "서로의 관계가 끝난 날이 곧 유리스믹스가 시작된 날"이라고 했는데, 데이브는 서로 목적이 같았기 때문에 목적을 위해선 그 어떤 것도 방해물이 되어선 안 된다고 생각했다고. 사랑과 별개로 서로의 케미스트리는 환상이었단 뜻이다. 어릴 적부터 아웃사이더로 지내며 자존감이 낮

1985년의 유리스믹스. 왼쪽이 데이브 스튜어트, 오른쪽이 애니 레녹스.

왔던 애니는 자신의 창조성을 끌어낼 인물이 데이브밖에 없다고 생각했다. 반대로, 당시 마약에 쩔어 있던 데이브를 꺼낼 인물은 애니밖에 없었다.

둘은 음악에 확실한 개성을 불어넣고 싶었다. 기타로 낼 수 있는 소리는 다 나왔다는 생각에 당시 차츰 전성기를 맞던 전자음악을 다루었고, 여러 가지 실험을 하며 자신들이 추구해야 할 음악 방향을 정립했다. 하지만 상업성보다는 새로움에 주목하는 신인이 설 자리는 넓지 않았고, 유리스믹스의 1집은 차트인에 실패하며 처참함만 남겼다. 그리고 데이브는 기흉 문제로 병원 신세를 지고, 그룹은 해체하는 듯했다. 애니는 은둔 생활을 택했는데, 공교롭게도 이후에 지금 대중이 떠올리는 중성적인 애니의 모습, 즉 정장 차림과 스포츠머리 스타일이 시작되었다.

퇴원한 데이브는 해체 직전의 그룹을 수습하려고 고군분투했다. 먼저 애니에게 자신의 새 작업물을 들려줘 다시 세상 바깥으로 끌어내고, 은행에서 대출을 받아 스튜디오를 세웠다. 그리고 계약이 끝난 음반사를 설득해 다시 계약을 했다. 심기일전 끝에 발매한 앨범은 2집 《Sweet Dreams (Are Made of This)》, 동명의 수록곡 〈Sweet Dreams (Are Made of This)〉는 유리스믹스의 상징이 된다.

유리스믹스는 음악적 실험으로 정체성을 구축했는데, 〈Sweet Dreams〉 또한 그런 경우였다. 하루는 둘이 해체 직전까지 싸우고 애니가 웅크려 앉아 있는데, 데이브가 잘못 입력한 소리를 듣고 본능적으로 "Sweet dreams are made of this"라는 가사를 붙였다는 후문이 있다. 30분 만에 노래를 만들었다는 이 이야기는 둘의 호흡을 가장 잘 보여주는 예시다.

모타운과 크라프트베르크의 음악을 합치면 〈Sweet Dreams〉가 될 것이라고 데이브는 말했다. 하지만 노래에서 가장 눈에 띄었던 건 역시나 보컬 애니 레녹스였는데, 중성적인 보컬과 짧은 머리, 정장 패션이 주목을 끌었다. 애니는 이 패션이 "자신의 페르소나를 극한으로 끌어올린 결과물"이라 자평했다. 잃을 게 없는 처지라서 아웃사이더(처럼 보이는) 도장 같은 걸 찍어주고, 남자처럼 강한 느낌을 주고 싶었다고. 그간 억눌린 애니의 자아와 감성이 유리스믹스 최고의 무기가 된 것이다. 이런 특유의 감성은 3집 〈Here Comes the Rain Again〉에서도 잘 드러난다.

애니는 이후로도 뮤직비디오마다 페르소나를 바꾸며, 유리스믹스가 더욱 다채로운 색깔을 띨 수 있게 도왔다. 애니가 긴 머리로 등장하는 〈There Must Be an Angel〉이나, 아레사 프랭클린과의 듀엣 〈Sisters Are Doin' It for Themselves〉 같은 곡 덕분에 그룹은 기존의 차갑고 중성적인 이미지를 벗어나기도 했다.

유리스믹스는 1989년까지 총 일곱 장의 앨범을 내고 긴 휴식기에 들어갔다. 그룹 활동을 지속하며 생긴 소소한 갈등도 문제의 일부였으나, 휴식기는 특별한 계기가 있다기보다 그룹 활동에 권태를 느껴서 맺은 합의에 가까웠다.

보이 조지와 애니 레녹스는 대척점에 선 비주얼로 인기를 끌었으나, 계기는 180도 달랐다. 한 명은 데뷔 전부터 클럽에서 이름을 날린 반면, 한 명은 은둔을 거듭하다가 한순간에 자아를 폭발시켰다. 유리스믹스 해체 이후 애니는 솔로로도 승승장구하고, 남성 보컬의 곡만 리메이크한 커버 앨범을 발표하는 등 도전을 이어갔다. 이따금씩 유리스믹스를 재결성하며 팬들의 갈증을 풀어주기도 했다.

보이 조지는 90년대와 2000년대에 걸쳐 솔로곡 〈Crying Game〉으로 이름을 알리고, 잠시 컬처클럽을 재결성했으나 여전히 마약 소지로 체포되며 우여곡절을 겪었다. 그러나 2008년, 폭행으로 수감 생활까지 한 이후 기어이 긴 세월에 걸쳐 자신을 괴롭히던 마약중독을 끊어내는 데 성공했고, 2011년부터 컬처클럽을 다시 결성해 왕성하게 활동하고 있다. 전성기 시절의 미모를 되찾은 건 덤이다.

비디오 스타의 시대. 80년대는 비주얼의 시대였고 그만큼 많은 스타가 눈을 즐겁게 했다. 하지만 반세기가 지나도 기억되는 영광은 극소수에게만 돌아간다. 컬처클럽과 유리스믹스는 한때의 짧은 인기에 머물지 않고 독보적인 매력으로 우리 기억에 남았다. 게다가 현세대의 뮤지션에게도 큰 영감을 주고 있다. 시대는 변하지만, 매력은 세월을 가리지 않는다.

PLAY LIST

보이 조지

- Do You Really Want to Hurt Me
- Time (Clock of the Heart)
- Karma Chameleon
- Miss Me Blind

유리스믹스

- Sweet Dreams (Are Made of This)
- Here Comes the Rain Again
- There Must Be an Angel
- Sisters Are Doin' It For Themselves

트리비아

• 보이 조지는 어릴 적, 데이비드 보위의 또 다른 페르소나였던 '지기 스타더스트'를 접한 뒤 '세상에 나 같은 사람들이 또 있구나.'라고 생각했다. 이처럼 보위의 콘셉트와 패션은 뉴로맨틱 후배들에게 절대적인 영향을 끼쳤고, 보이 조지는 그의 사망 소식에 자신의 팬심을 가득 담은 헌사를 바치기도 했다.

브리티시 인베이전이란 말 그대로 영국의 침공, 즉 영국 가수들이 미국 음악계를 점령하며 생긴 사회 현상을 말한다. 60년대에는 비틀즈를 필두로 롤링 스톤스, 더 후 등의 밴드가 브리티시 인베이전의 중심이었으며, 80년대에는 컬처클럽, 유리스믹스를 포함한 많은 영국 가수가 2차 브리티시 인베이전의 주인공이 되었다. 80년대 브리티시 인베이전을 이끌었으나 미처 소개하지 못한 가수들의 대표곡을 선정했다.

더 폴리스
– Every Breath You Take (1983)

스팅이 보컬과 베이스를 겸했던 3인조 밴드. 1978년, 〈Roxanne〉로 본격적인 스타덤에 오른 이후 영향력을 확대해 1983년에는 세계 최고의 밴드로 거듭났다. 특히 〈Every Breath You Take〉는 마이클 잭슨의 〈Billie Jean〉을 제치고 1983년 연간 빌보드 차트 1위에 올랐을 정도.

티어스 포 피어스
– Everybody Wants to Rule the World
(1985)

80년대 뉴웨이브를 상징하는 듀오. 그들의 대표곡 〈Everybody Wants to Rule the World〉는 1985년 연간 빌보드 차트 7위에 올랐다. '모두가 세상을 지배하기 원한다'는 말은 인간의 지배 욕구와 그에 따른 전쟁과 비극을 의미한다고. 그러나 제목 자체가 워낙 직관적이라 다른 상황에도 많이 사용된다. SBS가 이 곡을 배경 음악으로 2022년 카타르 월드컵에서 활약한 선수들의 영상을 만든 바 있다.

바나나라마
– Venus (1986)

걸그룹도 빼놓을 수 없다. 3인조 여성 그룹 바나나라마는 1986년, 쇼킹 블루의 원곡을 리메이크한 〈Venus〉로 주간 빌보드 차트 1위에 올랐다. 〈Venus〉는 싸이의 〈새〉가 샘플링한 원곡으로도 유명하다. 도입부를 들어보면 "아!" 하실 분들이 많을 듯.

80년대 낭만을 대변한 밴드,
듀란듀란·아하

◄◄ ▐▐ ►►

클릭 한 번으로 신곡을 듣는 이 시대에, 과거 라디오의 중요성을 열변하는 건 큰 의미가 없다. MTV 또한 마찬가지다. 검색한 번이면 뮤직비디오부터 전 세계인의 반응까지 단숨에 확인할 수 있다. 유튜브와 각종 스트리밍 사이트가 모든 역할을 완벽하게 대체했다. 이미 알고리즘에 기반한 취사선택의 시대다.

아날로그 시대는 지금과 달랐다. 사람들은 라디오를 통해 '한 차례 걸러진' 명곡들을 접했고, 80년대부터는 MTV가 그 역할을 분담하며 흥행에 절대적인 영향력을 행사했다. MTV의 시대였다. 우리나라의 팝 마니아들은 KBS 《쇼 비디오 자키》 같은 프로그램으로 해외 뮤직비디오를 접했는데, 이조차 대부분은 MTV의 선택을 받고 우리나라로 건너온 경우였다. 앞서 '스테레오타입을 깨는 파격'적인 문화가 60년대부터 슬슬 생겼다고 말했는데, 이런 흐름이 80년대에 더욱 거세진 것 역시 MTV의 덕이 컸음을 부정할 수 없다.

음악 전문 방송국이었던 MTV는 음악을 '보고 듣는' 콘텐츠로 만들었다. 그렇기에 음악에 맞는 비디오가 얼마나 화려하고 현란한지 또한 소비 기준이 되었다. 뮤직비디오의 시대를 대표하는 아이콘은 개인적으로 듀란듀란과 아하가 아닐까 생각한다. (컬처클럽도 있지만 따로 다루었기에 여기서는 논외로 한다.) 잘생긴 외모와 더불어, 세계인의 눈을 사로잡는 뮤직비디오로 순식간에 최고의 그룹이 된 둘의 이야기는 같은 듯 다르다.

보이 조지와 같은 시기, 마찬가지로 영국의 뉴로맨틱 문화에 영향을 받아 탄생한 듀란듀란은 이름에서부터 개성을 드러냈다. 1968년의 SF 괴작 〈바바렐라〉의 악당 이름 듀란듀란(Durand Durand)에서 이름을 따왔는데, 〈바바렐라〉는 작품성보다도 야시시한(?) 분위기, 마찬가지로 SF 느낌을 주면서도 야시시한 코스튬으로 유명하다. 여기에 주인공이 유명 배우인 제인 폰다라서 영화는 컬트적인 인기를 끌었다. 순 변태 영화 같지만 영화의 특이한 코드 덕분에 아직까지도 마니아 사이에서 회자되곤 한다.

영화 〈바바렐라〉 포스터

베이시스트 존 테일러와 키보디스트 닉 로즈가 처음 결성한 듀란듀란은 드러머 로저 테일러와 기타리스트 앤디 테일러가 가세하며 점차 그 면면을 갖추었다. 초면에 분홍색 표범 바지를 입고 온 사이먼 르 봉을 보컬로 영입해 5인조를 완성하고, 시작부터 화려한 패션으로 주목을 받았다. 뮤직비디오 또한 파격이었다. 1집 수록곡 〈Girls on Film〉 뮤직비디오는 간호사 복장을 한 여자가 마사지를 해주고, 반대로 여자가 말의 탈을 쓴 남자에게 올라타는 등 섹스어필로 가득했다. 클럽을 노리고 만들었다는 이 뮤직비디오는 BBC에서 방송 금지를 당하며 듀란듀란이라는 전설의 시작을 알린다. 그리고 이런 듀란듀란을 눈여겨본 곳이 바로 MTV였다.

듀란듀란의 데뷔 앨범 발매일은 1981년 6월 15일이고, MTV의 개국은 동년 8월 1일이다. 미국 시장을 개척하고픈 듀란듀란과 개국 초기 성공적으로 안착하려던 MTV의 필요는 절묘하게 맞아떨어졌는데, 듀란듀란이 안티과와 스리랑카 등지로 로케이션을 떠나, 주로 영화에 사용하던 35mm 필름으로 뮤직비디오를 촬영하면 MTV가 적극적으로 띄워주는 방식이었다. 마이클 잭슨이 등장하기 전, 뮤직비디오의 혁명은 듀란듀란이었다. 1982년 5월에 발매한 듀란듀란의 2집 《Rio》는 MTV의 적극적인 지원에 힘입어 전미로 퍼졌다. 이후에는 3집에 수록된 〈The Reflex〉가 빌보드 차트 1위를 기록했고, 영화 〈007 뷰 투 어 킬〉의 OST를 부르며 성공 가도를 달렸다.

듀란듀란 1집 앨범 커버

　화려한 신디사이저와 비주얼로 무장한 '록 밴드' 듀란듀란. 하지만 반대급부로 진정성에서 의심을 받을 수밖에 없었다. 시대에 편승했고, 어여쁜 미모로 성공했지 음악성은 없다고 말이다. 라이브 에이드 공연에서 보인 '새된 소리(일명 뻑사리)'는 혹평을 부채질했다.

　뉴웨이브 시대에서 팝과 록을 적절히 융합한 듀란듀란의 혜안은 무시할 수 없었다. 결성 당시 영향받은 밴드도 기타 없이 키보드만 세 대를 배치한 신스팝 밴드 휴먼 리그(Human League)였다고 한다. 그럼에도 듀란듀란은 음악성을 의심하는 이들과 꾸준히 싸울 수밖에 없었고, 자신을 증명해야 하는 듀란듀란의 과업은 10년이 지난 1993년에야 완성되었다.

　듀란듀란이 최전성기를 보내고 있을 즈음, 노르웨이에서 혜성같이 등장한 밴드가 있었다. 그들은 바로 아하였다. 혜성이라고 표현했지만 사실 그들은 수차례 실패에 부딪혀 단단해진 돌덩이였다. 기타리스트 폴 왁타와 키보디스트 마그네 프루홀멘은 일찍이 월드 스타의 조건을 깨닫고 성공을 갈망했다. 월드 스타의 조건은 첫째가 아바처럼 영어로 노래할 것이며, 둘째가 대중성 있는 리프를 만드는 것이다. 나이 열다섯에 마그네가 만든 키보드 리프는 훗날 〈Juicy Fruit Song〉이 되고, 〈Juicy Fruit Song〉은 이름을 바꿔 〈Take on Me〉가 된다.

'이 리프'에는 둘을 월드 스타로 만들 잠재력이 있었다. 노르웨이에서 활동하던 둘은 세계 진출의 꿈을 꾸며 영국행을 계획했고, 자신들의 퍼즐을 맞춰줄 보컬로 꽃미남 모튼 하켓을 영입했다. 서로 교감을 나누던 모튼을 결정적으로 유혹한 리프 또한 훗날 〈Take on Me〉가 되는 그 리프였다. 셋은 꿈 하나만 가지고 영국으로 건너갔고, 그곳에서도 오디션을 보며 〈Take on Me〉를 불렀다.

아하 1집 앨범 커버

당시 아하를 지켜본 워너브라더스 측은 모튼의 비주얼과 목소리를 비롯, 밴드에 잠재한 스타성을 간파하고 계약을 진행했다. 하지만 모두가 성공을 예상한 〈Take on Me〉는 이후 지난한 과정을 거쳤다. 1984년 처음 발매되고, 이후 한 차례 더 발매되지만 두 버전 모두가 UK 차트 진입에 실패했다. 자국 노르웨이서 3위를 한 게 전부였다.

오리지널 버전은 밋밋한 신디사이저와 노래하는 모든 하켓을 서투르게 앞세워 대중에게 다가갔다. MTV의 선택과는 거리가 멀었고, 멤버들은 워너브라더스에 버림받을까 두려워했다. 하지만 워너는 그러지 않았다. 오히려 반쯤 죽은 노래를 살리려고 고군분투했다.

〈Take on Me〉는 분명히 잠재력이 있었다. 보컬 모튼 하켓은 당시 워너브라더스의 중역이었던 앤드류 위컴의 말마따나 "영화배우의 비주얼에 목소리는 로이 오비슨"이었으니까. 워너브라더스는 초호화 지원군을 투입해 음악을 하나씩 바꿔나갔다. 〈Take on Me〉를 살리기 위한 세 번째 시도였다. 새롭게 붙은 프로듀서 앨런 타니는 키보드 소리를 거의 스무 번씩 오버더빙하여 '리프'를 최대한 강조했다. 〈Take on Me〉 하면 리프밖에 생각이 안 나게 하려는 의도였다.

워너브라더스의 크리에이티브 디렉터 제프 에이로프 또한 뮤직비디오가 너무나 말쑥하고 평범하다는 문제점을 찾아 이를 다시 제작하기로 한다. 감독으로 마이클 잭슨의 〈Billie Jean〉 뮤직비디오를 제작한 스티브 바론을 영입하고, 시각적 포인트를 강조하려고 만화적 요소까지 넣었다. 장장 네다섯 달에 걸쳐 몇 천 컷의 그림을 그렸는데, 촬영 영상을 바탕으로 일일이 그림을 그리는 로토스코프 기법을 이용했다. 현실과 만화 속 세계를 교차해 보여주려면 이게 최선이었다. 뮤직비디오 하나에 들어간 정성이 타의 추종을 불허했고, 그 정성은 기어이 빛을 보았다.

만화책을 보던 여자에게 만화 속 등장인물이 손을 뻗고, 만화 속

으로 들어가 사랑을 나누다가 마지막엔 현실에서 조우한다. 훗날 수많은 유사품(?)을 양산한 이 뮤직비디오는 모튼 하켓의 매력과 리프의 중독성을 모두 보여주는 명품 중의 명품이었다. 뮤직비디오를 넘어 한 편의 동화와 같았기에, MTV가 〈Take on Me〉를 안 보여줄 이유가 없었다.

아하는 노르웨이 뮤지션 최초의 빌보드 1위, 최초의 그래미 노미네이트를 기록하고 MTV 어워드에선 6관왕이라는 위업을 달성했다. 〈Take on Me〉가 한국 사람들에게 준 인상도 강렬했다. 나보다 연배가 위인 어른들과 〈Take on Me〉 이야기를 나눌 때면 꼭 나온 주제가 조용필의 맥콜 CF다. 1987년에 방영된 조용필의 맥콜 CF는 최초의 억대 개런티(1억 원)로도 화제를 모았으나, 당대 톱스타 조용필이 실사와 그림을 오가며 '맥콜'을 노래하는 화려한 구성 또한 주목받았다. 팝을 모르는 사람은 감탄했지만, 팝을 아는 사람은 〈Take on

Me〉 뮤직비디오를 모방했음을 대번에 알아봤다는 후문이다. 이후 해당 CF는 방송광고 대상을 수상, 대한민국 대표 자격으로 칸 국제 광고제에 출품되었다가 국제적 망신을 당했다. 개인적으로는 2014년 방영된 MBC 드라마《W》를 보고 〈Take on Me〉를 떠올린 바 있었다. 웹툰 속 남자와 현실의 여자가 엮이는 내용을 다루었는데, 세부적인 내용은 완전히 다르긴 하다. 다만 현실과 만화의 경계를 넘나든다는 소재를 마주할 때마다 가장 먼저 〈Take on Me〉가 떠오르는 건 어쩔 수가 없다.

1집은 전 세계적으로 1,000만 장이 넘는 판매고를 기록하고, 뮤직비디오의 신기원 또한 열어젖혔다. 이후 빌보드 성적은 두드러지지 못했지만, 미국을 제외한 전 세계에서 히트곡을 꾸준히 배출하며 최전성기를 누렸다. 〈Take on Me〉의 후속작이었던 〈The Sun Always Shines on T.V〉를 비롯, 뮤직비디오에도 꾸준히 힘을 주며 팬들의 눈과 귀를 즐겁게 했다.

듀란듀란과 마찬가지로 007 시리즈의 주제가를 부르고, 앨범마다 분위기를 바꾸며 자신들의 음악을 증명했다. 1993년에 발매한 5집을 끝으로, 무기한 휴식에 들어갔지만 1998년에 활동을 재개했다. 2010년 한 차례 해체하지만 결국 2015년 다시 합치며 현재까지

조용필 맥콜 광고

2022년 공연을 하는 아하

도 앨범을 발매하면서 왕성하게 활동 중이다. 노르웨이에선 이미 국민 영웅이다. 아하에게 필요한 건 단 한 번의 기회였다. 〈Take on Me〉이후 확실한 소비층을 구축하며 자신들의 길을 걸었다.

같은 시기 듀란듀란은 어땠을까? 아하와 달리 듀란듀란은 데뷔 초 화려한 옷을 입고 다닌 걸 후회했다고 할 만큼 거대한 부작용과 싸웠다. 뮤직비디오의 성공이 엄청났고, 그런 성공이 사실상 최초였던 만큼 음악 외적인 평가가 지속적으로 따라다녔다. 멤버 모두가 현실에 지쳤으며, 다른 음악을 하고 싶은 욕심으로 3집 이후에는 '파워 스테이션'과 '아카디아' 같은 사이드 프로젝트 밴드를 조직하기도 했다.

드러머 로저와 기타리스트 앤디 테일러가 탈퇴를 선언하고, 3인 체제의 듀란듀란은 사람들의 기억에서 지워졌다. 그들이 닦아놓은 뮤직비디오 판에도 수많은 후배들이 들어섰고, 아하를 비롯해 다른 방식으로 혁신을 보여주는 아티스트들이 점차 생겨났다.

듀란듀란은 빈자리에 기타리스트 워렌 쿠쿠룰로를 채워 넣고, 드러머 스털링 캠벨을 1989년부터 1991년까지 정식 멤버로 들이는 등 변화를 꾀했다. 1993년, 4명으로 구성된 듀란듀란이 발매한 7집은 앨범 커버 덕에 웨딩 앨범으로 불리지만, 사실 앨범명은 데뷔 앨범과 똑같은《Duran Duran》이었다. 새로운 출발이자 분기점이었다. 뮤직비디오로 올라선 밴드들이 하나둘씩 무너지던 때, 기어이 유행을 따라잡으며 자신들의 재기를 알렸다.

선공개한 〈Ordinary World〉는 이전의 듀란듀란이라면 상상할 수 없는 발라드였다. 〈Come Undone〉 또한 히트곡 반열에 오르며 각각 빌보드 차트 3위, 7위의 성적을 기록했다. 이외에도 앨범의 첫 번째 트랙인 〈Too Much Information〉은 TV가 유발한 'TMI'를 말하는데, "TV는 너한테 필요 없는 물건도 사게 만든다."라고 말한다. 듀란듀란의 이야기를 생각해 보면 어딘가 의미심장하다. 앨범의 마지막 트랙엔 한국어가 들려 한국 팬들이 놀라기도 했다.

듀란듀란이 이 시기 들려준 얼터너티브 록 사운드엔 새로운 기타리스트 워렌의 활약도 분명히 컸다. 멤버들은 음악적 변화를 꾀했고, 시대가 변함에도 여전히 좋은 음악을 들려줄 수 있음을 증명했다. 따라서 이 앨범은 분명 가치가 있었다. 이후 듀란듀란이 내는 앨범은 확실히 이전의 파괴력을 보여주지는 못했고, 97년엔 베이시스트 존 테일러마저 팀을 탈퇴하면서 전성기 멤버가 둘만 남았지만, 이제 듀란듀란이 부정되는 일은 없었다.

2004년엔 완벽한 전성기 라인업으로 돌아오며 흩어진 팬덤이 다시 집결했다. 앤디 테일러가 다시 탈퇴했지만 이외의 부침 없이 4인으로 활동 중이다. 2023년 발매된 듀란듀란의 16집《Danse Macabre》는 UK 앨범 차트 4위까지 오르며 건재를 증명했다. 편견에도 40년 넘게 해체하지 않고, 기어이 자신들을 증명했다.

한때를 풍미한 가수는 많다. 하지만 40년이 지난 현재까지도 기억에 남으려면 꾸준한 활동으로 음악적 역량을 증명해야 한다. 나는 이를 해낸 두 그룹을 좋아한다. 언젠가 두 그룹의 라이브를 내 눈으로 직접 볼 수 있길 바랄 뿐이다. 듀란듀란은 여러 차례 내한 공연을 왔지만 그때는 내가 입덕하기 전이었다. 아하는 아직 한 번도 한국에 온 적이 없다. 얼마나 염원하는 사람들이 많으면, '듀란듀란 내한'을 구글에 검색하니 추가 검색어 1위가 '아하 내한'일까. 아하의 일본 공연이 코로나로 취소만 안 되었어도 직접 보러 갔을 텐데….

PLAY LIST

듀란듀란

○ *Girls On Film*

○ *Rio*

- 🎵 The Reflex
- 🎵 A View To A Kill
- 🎵 Ordinary World
- 🎵 Come Undone
- 🎵 Too Much Information
- 🎵 Sin of the City

아하

- 🎵 Take On Me
- 🎵 The Sun Always Shines On T.V.
- 🎵 Stay On These Roads
- 🎵 The Living Daylights

 트리비아

- 한국어가 실린 듀란듀란의 웨딩 앨범 수록곡은 〈Sin of the City〉로 곡 초반부에 "차도 못 만드는 주제에."라는 일상 대화를 들을 수 있다. 멤버들이 자신을 보기 위해 무작정 기다리던 한국 팬들을 스튜디오로 초대하고 즉흥적으로 녹음을 요청했다는 얘기가 전해진다.

〈Take on Me〉는 지금까지도 80년대의 낭만을 보여주는 뮤직비디오 중 하나로 꼽힌다. 듀란듀란 못지않게 그 시절 낭만을 보여주는 80년대 뮤직비디오를 소개한다.

다이어 스트레이츠
– Money for Nothing (1985)

영국의 록 밴드 다이어 스트레이츠가 스팅과 함께 작업한 곡. 온갖 아이디어가 난무하던 80년대답게 이 곡의 뮤직비디오는 3D 애니메이션과 실사의 결합을 보여준다. 당시로선 파격적인 시도였는데, 3D 퀄리티는 당연히 어색하나 이런 시도가 없었다면 지금의 3D 애니메이션 또한 없었을지도 모른다.

피터 가브리엘
– Sledgehammer (1986)

제네시스 출신인 피터 가브리엘의 최고 솔로 히트곡. 뮤직비디오 자체가 눈을 단 한순간도 뗄 수 없는 예술영화다. 독보적인 센스와 연출 기법으로 'MTV에서 가장 많이 방영된 뮤직비디오'가 되었다. 피터는 뮤직비디오가 곡의 성공에 큰 역할을 했다고 인정한다.

데이비드 보위
- *Blue Jean (1984)*

시대를 관통한 아티스트 데이비드 보위는 1984년 〈Blue Jean〉 뮤직비디오를 아예 〈Jazzin' for Blue Jean〉이라는 단편영화로 만들었다. 보위 자신이 잘 나가는 록스타와 여자 한번 꼬셔보려고 노력하는 빅 역할을 함께 맡았고, 21분짜리 영상이지만 내용 자체가 재밌어 추천할 만하다. 양극단의 캐릭터를 연기하는 보위의 능청스러움도 주목할 부분.

모든 걸 뒤집은
크리스 크로스

◄◄ ▐▐ ►►

'량현량하'라는 그룹을 본 게 유치원생 때였다. 초등학생도 되기 전의 내 첫 우상이었다. 갓 중학교에 입학한 쌍둥이 형들의 현란한 댄스, 그렇게 어린 가수를 보지 못한 내게는 신선한 충격이었다.

어렸지만 어른보다 더 격렬한 춤을 추던 량현량하는 사반세기가 지난 지금도 내 추억의 일부다. '어른들 사이의 어린이', 특히나 '어른의 퍼포먼스를 보여주던 어린이'라면 모래 속 진주가 될 수밖에 없다. 미국에도 이런 듀오가 있었다. 아니, 원조라고 할 수 있겠다. 1992년, 8주 연속 빌보드 싱글 차트 1위를 차지한 크리스 크로스의 두 멤버는 당시 나이가 만 14세, 13세였다. 어른들의 유행마저 선도했고, 짧았지만 그만큼 굵었던 전성기를 보낸 힙합 듀오였다.

크리스 크로스는 2명의 크리스로 이루어졌다. 크리스 켈리와 크리스 스미스, 두 크리스는 초등학교 1학년 때 만나 금세 친해졌지만 가수가 되리라는 생각은 꿈에도 못하고 있었다. 두 멤버가 회상하는 데뷔 전의 모습을 정리하면 이렇다. "매일 학교 가고, 춤도 추고 랩도 했지만, 그건 랩핑이라 말할 수도 없고, 그저 라임 있는 가사를 읊어 대는 수준일 뿐이었다."

하지만 그 속에서 특출남을 찾는 것은 언제나 어른이다. 1972년에 태어나, 만 열여덟 살에 여성 힙합 그룹 실크 타임즈 레더(Silk Tymes Leather)를 프로듀싱하며 일찌감치 탁월한 재능을 보였던 저메인 듀프리는 애틀랜타의 한 쇼핑몰에서 두 크리스를 발견했다. 저메인은 노래도, 랩도 제대로 선보인 적이 없는 두 크리스의 겉모습만 본 뒤 확신을 갖고 둘을 캐스팅했다.

두 크리스에게는 탁월한 감각이 있었다. 무엇보다 평범함 사이에서 빛나고자 하는 욕망이 있었다. 저메인은 둘과의 첫 만남을 이렇게 추억한다. "나처럼 꾸미고 다니는 어린아이를 여태 본 적이 없었다. 신발도 신상이었다. 이 친구들은 스타라는 확신이 들었다."

저메인은 캐스팅 이후 두 크리스의 하루 생활을 관찰했는데, 막 성인이 된 저메인에게도 이는 놀라움의 연속이었다. 고작 초등학교 6학년 어린이들이 새벽 6시에 일어나 미용실에서 머리를 다듬었다. 저메인은 두 크리스를 띄울 방도를 궁리했다. 어떻게 하면 둘을 가수로 만들 수 있을까? 둘의 확실한 셀링 포인트는 뭘까?

저메인은 둘에게 당대 유행하던 많은 힙합 가수를 참고하도록 했다. 패션을 비롯해 현대 힙합의 기틀을 닦은 런 DMC와 '라임'의 기본을 만든 라킴, 6인조 어린이 힙합 그룹이었던 어나더 배드 크리에이션(ABC) 또한 참고했다. 여덟 살부터 열세 살까지의 아이들로 이루어진 ABC는 옷을 뒤집어 상표가 보이는 패션으로 유명했다. 저메인은 크리스 둘을 최대한 많은 콘서트장에 데려가며 경험을 쌓게 했는데, 그곳에서 리듬에 맞춰 점프하는 관객들을 보며 데뷔 싱글의 아이디어를 떠올렸다.

크리스 크로스는 달라야 했다. 멤버들과 저메인은 머리를 싸매고 '더욱 달라지는 법'을 고민했는데, 문득 저메인이 내놓은 아이디어는 '옷을 거꾸로 입어보는 것'이었다. ABC처럼 겉과 속을 뒤집는 게 아닌 앞뒤를 바꿔 입는 패션이기에 분명 차이가 있었다. 멤버들은 옷을 거꾸로 입고 쇼핑몰을 활보해 보았고, 금세 사람들의 시선을 끌었다. 가장 중요한 콘셉트가 완성된 순간이었다.

크리스 크로스의 콘셉트는 치밀했다. 자신들을 가수보다 패션 모델로 부각했으며, 랩네임 또한 서로 크로스하여 '맥 대디'(크리스 켈리)와 '대디 맥'(크리스 스미스)으로 정했다. 콜롬비아 레코드가 1992

**옷을 거꾸로 입은 크리스 크로스의
1집 앨범 커버**

년 발매한 크리스 크로스의 첫 싱글 〈Jump〉는 발매 두 달 반 만에 빌보드 싱글 차트 1위를 가져온 뒤 8주 연속 정상을 지켰다. 〈Jump〉가 수록된 정규 1집 《Totally Krossed Out》 또한 총 2주간 빌보드 앨범 차트 1위를 차지하며 '중학생 반란'의 중심이 되었다.

크리스 크로스는 어린이와 어른의 요소를 치밀하게 뒤섞어 확실한 아이덴티티를 조립했다. 〈Jump〉가 샘플링한 노래 중에는 잭슨 5의 〈I Want You Back〉도 있었는데, 저메인은 이를 두고 "어린아이들한테는 잭슨의 사운드가 어울린다고 느꼈기 때문"이라고 말했다. 또한 노티 바이 네이처의 〈O.P.P〉도 샘플링했는데, 활동 당시 크리스 크로스 멤버들은 자신에게 영향을 준 그룹으로 노티 바이 네이처를 꼽은 바 있었기에 이것 또한 일종의 오마주로 볼 수 있다.

하지만 마냥 긍정적인 오마주만 있던 건 아니었다. 가사에는

"Don't try to compare us to another bad little fad"라는 부분이 있는데, 이는 우리를 다른 잠시의 유행과 비교하지 말라는 뜻이었다. "another bad little fad"는 옷을 뒤집어 입었던 어린이 힙합 그룹 어나더 배드 크리에이션을 뜻했다. '아이들처럼 보이지 않기 위한 전략적 디스'라는 해석이 따라왔다.

〈Jump〉 이외의 수록곡에서도 어른과 어린이 사이의 균형 감각이 돋보였는데, 〈Lil' Boys in da Hood〉는 저메인이 겪은 길거리 흑인들의 삶을 어린이 시점에서 풀어냈으며 〈I Missed the Bus〉는 두 크리스가 스쿨버스를 놓쳐 학교에 가지 못한 내용을 담았다. 완전한 전략의 승리였다. 8년 뒤, "학교를 안 갔어."라고 소리치던 량현량하의 모습과 흡사하기도 하다. 〈Jump〉에서의 '엉거주춤'은 현진영이 〈흐린 기억 속의 그대〉에서 차용한 걸로도 유명하나, 현진영은 크리스 크로스처럼 노티 바이 네이처의 〈O.P.P〉에 영향을 받았다고 밝힌 바 있다.

어른과 어린이의 경계선을 넘나들던 크리스 크로스는 건전함으로 '아이다움'을 완성했다. 힙합을 했지만 욕설 하나 섞지 않았고, 어린이에게 하고 싶은 조언 따위의 질문을 받으면 "착하게 살아라.", "문제 일으키지 말고 하고 싶은 거 해라." 같은 말을 건넸다. 그룹의 성향을 보여주는 대답이었다. 1집의 성공 이후 크리스 크로스는 마이클 잭슨의 〈Jam〉 뮤직비디오에 출연하고, 투어에도 동행하는 등 시대의 대표자 역할을 톡톡히 했다.

이듬해 나온 2집은 이전의 크리스 크로스와 다른, 조금 더 갱스터 같은 모습을 보여주었다. 갱스터 랩의 유행도 영향이 있었으나, '어린 시절의 성공'을 이겨내려는 선택이기도 했다.

어린이는 변성기를 거치며 어른이 된다. 그룹도 그래야 한다. 하지만 대중은 익숙해진 이미지에 굳이 변주를 더하고 싶지 않았다. 이런 양측의 간극은 성공의 장기화에 있어 엇박자로 작용했다. 2집은 미국에서 100만 장 이상의 판매고를 기록하며 그럭저럭 성공을 거두지만, 확실히 1집만큼은 아니었다.

멤버들은 "나이가 든 만큼 다른 방식으로 우리 생각을 표현할 필요가 있었다."라고 했으나, 낯섦을 느낀 대중 사이에서 호불호가 갈린 앨범이었다고 전해진다. 크리스 크로스는 1996년에 한 차례 더 앨범을 내지만 이후 활동은 없었고, 성인이 된 이후로는 각자 음악 엔지니어링(켈리)과 마케팅, 비즈니스 매니지먼트(스미스) 등을 배웠다.

2001년에는 오랜만에 4집을 예고했지만 발매하지 못했고, 그사이 제작자 저메인 듀프리는 크리스 크로스의 성공에 힘입어 소 소 데프 레코드(So So Def Recordings)를 설립, 다 브랫(Da Brat)과 바우 와우(Bow Wow) 등의 랩퍼를 발굴했다. 또한 머라이어 캐리와 빌보드 1위곡을 공동 작업하고(Always Be My Baby), 어셔의 2집 작업을 함께하며 성공을 견인하는 등 제작자로 큰 족적을 남겼다. 오랜 기간 자넷 잭슨의 연인이기도 했다.

크리스 크로스 멤버들은 성인이 되어서도 음악에 애정이 컸다.

3집 앨범 커버

하지만 스타를 향한 미련은 크게 없었다. 켈리는 자신의 커리어를 두고 "우리 커리어가 이렇게 빨리 꺼질 줄은 몰랐다."라고 말하면서도 "예술과 힙합을 하기 위해 신(scene)에 들어간 거지 절대 명성을 노리고 들어간 건 아니었다."라고 부연했다.

실제로 성인이 되고도 인터뷰에 응한 이는 거의 크리스 켈리였고, 또 다른 크리스였던 크리스 스미스는 한동안 대중에 거의 모습을 드러내지 않았다. 크리스 크로스는 이따금씩 모여 콘서트를 하는 수준의 활동을 했다. 켈리는 성인이 되고도 바지를 거꾸로 입는 모습을 보여주며 자신의 어린 시절에 깊은 애정을 드러냈으나, 약물 과다 복용으로 2013년 5월 1일 숨지고 만다. 2013년 2월, 소 소 데프 레코드의 설립 20주년을 맞아 오랜만에 콘서트를 한 지 두 달이 막 지난 때였다.

죽마고우였던 크리스 스미스는 장례식장에서 눈물을 흘렸고, 현재는 자신만의 브랜드를 론칭하며 가수보다는 종합 아티스트로 활동하고 있다. 지금도 꾸준히 SNS에 그룹 시절의 추억을 공유하고, 자체 제작 음반도 발매하는 등 크리스 크로스를 잊지 않는 모습이다.

사망 전년도의 인터뷰에서 켈리는 "내가 바지를 거꾸로 입은 처음이자, 지금까지 남아 있는 마지막 사람"이라고 말했다. 본인한테는 이게 삶의 방식이라며. 크리스 크로스는 언제나 남들과 다른 모습을 원했다. 비범한 센스로 어린 나이에 어른들의 유행을 창조했고, 그 결과 30년이 지난 지금도 꾸준히 회자되는 이름이 되었다.

PLAY LIST

- ◐ *Jump*
- ◐ *I Missed the Bus*
- ◐ *Lil' Boys in da Hood*
- ◐ *Alright*
- ◐ *Tonite's tha Night*

비단 크리스 크로스만이 어린 래퍼는 아니었다. 빌보드 역사를 보면 꽤 많은 어린이(?)가 차트를 거쳐갔음을 알 수 있는데, 이번에는 어린 래퍼들을 몇몇 뽑아 소개하고자 한다.

어나더 배드 크리에이션
– Iesha

뉴 에디션의 마이클 비빈스가 발굴한 그룹으로, 크리스 크로스가 벤치마킹했다. 어나더 배드 크리에이션은 〈Iesha〉와 〈Playground〉를 각각 빌보드 싱글 차트 9, 10위에 올리며 인기를 모았다.

릴 바우 와우
– Bounce with Me

바우 와우. 이전 활동명, 릴 바우 와우. 스눕 독이 발굴해 저메인 듀프리의 음반사 소 소 데프 레코드에서 활동했으며, 데뷔 당시의 나이는 만 13세였다. 18세인 2005년에도 〈Like You〉와 〈Let Me Hold You〉 등의 히트곡을 배출했다.

솔자 보이
– Crank That (Soulja Boy)

2007년, 〈Crank That (Soulja Boy)〉으로 혜성같이 등장해 빌보드 1위를 한 당시 솔자 보이는 나이가 고작 만 17세 49일이었다. 이 곡으로 작곡과 프로듀싱, 노래까지 모두 혼자 한 최연소 빌보드 1위 가수가 되었다. 기존 최연소 기록은 데비 깁슨가 〈Foolish Beat〉로 보유했다.

응답하라 1994,
에이스 오브 베이스

◄ ❚❚ ►

1994년은 격동의 해다. 김일성의 사망과 더불어, 대한민국 축구 국가대표팀이 월드컵에서 사상 최초로 승점 2점 이상을 수확했다. 전례 없는 폭염으로 우리 부모님은 에어컨 있는 차 안에서 여름을 지냈고, 복고맨이 세상에 모습을 드러냈다. 그래서 나는 내가 태어난 1994년에 관심이 많다.

음악계에선 레게 열풍이 불던 해였다. 김건모와 투투, 마로니에 같은 가수들이 1994년 가요계를 수놓았다. 비단 한국에서만 그런 건 아니었다. 1994년, 빌보드를 강타한 주인공은 스웨덴의 에이스 오브 베이스였다. 유로 댄스로 대변되나 역시나 레게 리듬을 활용한 그룹이었다. 멤버 구성과 국적 덕에 '아바의 후계자'로 불리기도 했다. 물론 아바처럼 부부끼리 구성된 그룹은 아니다. 삼 남매에 남자 멤버 하나로 결성된 그룹이다.

여자 둘, 린 베르그렌과 예니 베르그렌이 보컬. 남자 둘, 요나스

오른쪽 남자가 울프, 나머지 셋이 베르그렌 남매

베르그렌과 울프 에크베리가 뒤에서 음악을 만들었다. 울프는 "아바에게서 영향받은 건 전혀 없었다."라고 말하지만, 이들을 보고 있자면 아바가 생각나는 건 어쩔 수 없다. 전부터 아바를 비롯한 북유럽 가수들의 성공에 굉장히 관심이 많았는데, 90년대 북유럽의 빌보드 침공사를 알려면 에이스 오브 베이스의 이야기는 꼭 짚어야 한다.

울프는 어릴 적, 크라프트베르크와 디페시 모드(영국의 신스팝 밴드)를 위시한 전자음악의 신봉자였고, 이 영향은 고스란히 에이스 오브 베이스에 녹아들었다. 함께 음악을 만들었던 요나스 또한 디페시 모드의 광팬이라는 공통점 덕에 울프와 친해졌는데, 거기에 더해 이탈로 디스코 마니아였다고 한다.

그룹의 본격적인 결성 계기를 알아보자. 먼저 두 여동생을 보컬로 영입해 '테크 느와르'(원래 SF 영화의 한 갈래를 지칭함)라는 그룹으로 활동하던 요나스가 하루는 멤버의 노쇼로 진땀을 뺐다. 공연 날짜와 롤링 스톤스의 콘서트 날짜가 겹쳤는데, 멤버가 롤링 스톤스에 눈이 돌아가 공연을 빠진 것이다. 요나스는 울프한테 빈자리를 메워줄 대타를 부탁했고, 이 조합은 그대로 굳어져 훗날 '에이스 오브 베이스'가 된다. 에이스 오브 베이스라는 이름은 헤비메탈 밴드, 모터헤드의 노래 〈Ace of Spades〉에서 따왔다고 울프가 직접 밝힌 바 있다.

에이스 오브 베이스는 신나고 가볍게 즐길 수 있는 음악을 추구했다. 게다가 본인들도 평소 듣던 전자음악보다 빠르고 크게 연주하길 좋아했는데, 스웨덴에선 그들을 받아줄 곳이 없었다. 예니의 말마따나 "당시 우리가 살던 곳에선 록이 유행했기 때문"이라고. 하지만 근성으로 옆 나라 덴마크에까지 데모를 돌려 데뷔하는 데 성공했다. 그렇게 스웨덴 출신의 에이스 오브 베이스는 덴마크에서 〈Wheel of Fortune〉으로 스타트를 끊었다. 그리고 이 곡은 종국에 덴마크 차트 2위까지 오르면서 자신들이 틀리지 않았음을 입증한다.

당시 에이스 오브 베이스의 목표는 라디오와 댄스 플로어, 두 군데를 동시에 공략하는 것이었다. 멤버들 스스로가 자신들의 음악은 멜로디가 강점이라고 말할 정도였고, 음악적 색깔은 레게도 품고 있었다. 무명 시절, 옆방에서 레게 음악을 하던 친구들과 음악적으로 교류하곤 했는데 그 영향을 받았다고 한다. 그룹은 이를 십분 이해하는 프로듀서를 만나 잠재력을 폭발시키는데, 바로 데니즈 팝(Denniz

Pop)이었다.

　유명 DJ 출신이었던 데니즈 팝은 진작에 레게 열풍을 예상하고 대비한 인물이었다. 에이스 오브 베이스는 데니즈에게 자신들의 데모 테이프를 보냈는데, 처음에 데니즈는 심드렁했다고 한다. 그런데 테이프가 자동차 테이프 데크에서 안 빠지는 바람에 계속 같은 곡을 돌려 듣는 처지가 되어버렸다. 그렇게 계속 듣다 보니 노래의 좋은 점을 발견했고, 결국 함께 작업을 했다. 그 곡이 바로 〈All That She Wants〉다. 미국까지 넘어가 세계를 정벌한 에이스 오브 베이스 신화의 첫걸음이었다.

　에이스 오브 베이스는 '지역색'에 충실했다. 신나고 모두가 따라 부를 수 있는 노래가 목적이었지만 잘 들어보면 장조가 아닌 단조를 활용한다. 린이 "너무 명랑하다."라며 본래 장조였던 곡을 바꿔버린 것. 이는 이후의 〈The Sign〉에서도 드러나는 에이스 오브 베이스의 특징이 된다. 기쁨을 노래하면서도 한편에 슬픔을 간직한 북유럽식 감성이랄까. 이 곡으로 전 유럽을 장악하면서 미국의 관심 또한 얻게 된다.

〈All that she wants〉 싱글 커버

1992년, 에이스 오브 베이스는 그야말로 벼락같은 삶을 살았다. 두 곡이 연이어 히트하자 다급해진 음반사가 예정에 없던 정규 1집 발매 계획을 세울 정도였다. 급하게 노를 저어야 했던 에이스 오브 베이스는 미완인 곡까지 껴서 겨우겨우 1집을 발매했는데, 그 상태로 미국에 갈 순 없었다. 에이스 오브 베이스는 미국에 가기 위해 좀더 철저한 준비를 했다.

대중 가수의 성공기엔 피, 땀, 눈물을 비롯해 인생의 흔적이 오롯이 들어 있다. 하지만 결국 성공의 향방을 좌우하는 건 전략과 타협이다. 에이스 오브 베이스를 눈여겨본 클라이브 데이비스(휘트니 휴스턴을 비롯해 수많은 뮤지션을 흥행시킨 프로듀서)는 미국 진출의 키를 기존 곡에 두지 않았다. 노래 스타일은 좋은데, 곡 좀 더 만들자! 그리고 남의 곡도 커버해 보자는 의견을 냈다. 에이스 오브 베이스는 미국용 신곡을 만들어 전달했고, 신곡 데모는 클라이브를 거쳐 데니즈 팝과 동료 프로듀서 더글라스 카에게 갔다.

더글라스는 당시 상황을 이렇게 증언한다. "처음 데모는 저렴한

미국 1집 《The Sign》 앨범 커버

가정용 키보드에서 나오는 기본 트랙처럼 베이직했는데, 데니즈 팝은 댄스 플로어에 필요한 게 뭔지 정확히 알아내고 환상적인 비트를 만들었다."

1994년에 나온 〈The Sign〉은 이렇게 탄생했다. 1994년 연간 빌보드 차트 1위. 〈The Sign〉의 인기를 가장 잘 증명하는 지표다. 빌보드로 퍼진 곡은 컨트리만 빼고 십중팔구 전 세계로 퍼진다. 한국에서도 심심찮게 〈The Sign〉을 들을 수 있었는데, 에이스 오브 베이스가 본격적으로 '아바의 후계자' 소리를 들으며 월드 스타로 발돋움하던 시기다. 멤버 울프는 이 시절을 두고 "당시 한창 아바 베스트 앨범이 인기를 끌면서 아바가 역주행을 했는데, 스웨덴 음악 열풍이 우리의 인기에도 영향을 미친 게 아닐까 싶다."라는 말을 했다. 2013년 방영한 드라마《응답하라 1994》에서 이 곡이 스치듯 지나갔을 때, 나는 가장 1994년다운 노래라고 생각했다.

〈The Sign〉은 멤버들이 부르짖던 라디오와 댄스 플로어, '두 마리 토끼'를 모두 잡았다. 따라 부르기 쉽고, 춤출 수 있는 노래. 가장 보편적인 취향의 대중을 사로잡은 셈이다. '부르기 쉽다'는 조건에는 가사도 포함되는데, 〈The Sign〉의 가사는 비영어권 사람들이 봐도 굉장히 따라 부르기 쉽게 구성되어 있다. 무엇보다 입에 착 감기는 맛이 있었다.

울프는 "오히려 영어가 모국어가 아니라서, 영어를 편하게 대하며 멜로디에 어울리는 가사를 찾을 수 있었던 것 같다."라고 자평했다. 군이 뜻을 고려하지 않고 멜로디를 우선하여 가사를 끼워 맞추는 건 비영어권 가수에게서 많이 보이는 일이다. 아하가 Take Me on이 아닌 〈Take on Me〉라고 했듯이 말이다. 훗날 데니즈 팝의 유지를 이 어받은 맥스 마틴은 백스트리트 보이즈에게 "I Want It That Way"를, 브리트니 스피어스에게는 "hit me baby one more time" 같은 가사 를 남겨준다. 둘 다 가사보다 멜로디를 우선시해 뜻을 어느 정도 무 시한 결과물이었다.

〈The Sign〉을 비롯해, 멤버들이 클라이브의 전략을 따라 만든 커버곡 〈Don't Turn Around〉까지 빌보드 연간 차트 10위에 들어가 면서 1994년은 에이스 오브 베이스의 해가 되었다. 이전의 유럽 1집 과 미국 1집을 합친 판매량은 현재까지 무려 2,500만 장이 넘는다고 추정한다. 멤버들은 1집 프로모션만 2년 넘게 했고, 결국 여느 스타 에게나 찾아오는 공허함과 답답함을 느꼈다. 특히 보컬 린에게는 스 타의 삶이 맞지 않았다. 최근 동향과 인터뷰를 거의 찾을 수 없는 사 람이 바로 린인데, 유럽에서 반응이 오던 1993년부터 스타의 삶에 염증을 느끼고 팀을 떠나고 싶어 했단다. 스타가 되고 싶어 가수를 하는 사람이 있는가 하면, 음악을 사랑하지만 스타가 되기는 싫은 사 람 또한 있다.

린은 후자였고, 멤버들은 탈퇴를 원하는 린을 꾸준히 설득해 붙 잡았다고 한다. 많은 사람이 1집 최전선에 선 린이 후방으로 빠진 이 유를 궁금해하곤 했는데, 2집부터 린의 노출이 급격하게 줄어든 이

유는 이것 때문이라고. 린은 이후 공연장에서도 뒤로 빠져 사실상 백보컬 역할을 수행하다가, 4집 이후로 완전히 팀을 나갔다. 그리고 돌아오지 않았다.

에이스 오브 베이스는 1집의 인기를 이어가지 못했다. 2집이 전 세계적으로 500만 장 팔리고, 한국에서 메가히트를 기록한〈Beautiful Life〉같은 대표곡 또한 배출했지만, 1집만큼 성공하진 못했다.

2집에서 멤버들은 좀 더 다양하고 성숙한 음악을 선보이기 위해 노력했다고 자평했고, 그런 노력은 이후 3집에서도 계속되었다. "모타운 같은 올드스쿨 음악을 차용했다."라고 말하기도 했으니까. 하지만 바나나라마의 원곡을 리메이크한〈Cruel Summer〉가 잠깐 빌보드 싱글 차트 10위에 오른 걸 제외하고는 큰 성과가 없었다. 울프가 과거 네오나치였다는 논란에 휩싸이며 하락세는 갈수록 심해졌는데, 어쩌면 사람들이 바랐던 건 에이스 오브 베이스의 단순한 즐거움이 아니었을까. 4집 이후 린이 탈퇴한 에이스 오브 베이스는 이후 또 다른 보컬 예니도 탈퇴하자, 보컬을 아예 바꿔 2010년 5집을 발매했다가 이후로는 신보를 내지 않고 있다.

에이스 오브 베이스를 월드 스타로 만든 프로듀서 데니즈 팝은 이후 미국에서 활약하다가 1998년 암으로 세상을 떠났다. 그의 나이 고작 서른다섯. 지금은 그의 제자 맥스 마틴이 수많은 아티스트를 성공으로 이끌며 전설이 되었다.

에이스 오브 베이스의 인기는 한순간의 불꽃이었지만, 한편으로는 전 세계에 스웨덴 음악의 힘을 다시 한번 알린 사건이기도 했다. 스웨덴은 음악을 잘하는 나라임을 세상에 또 한 번 알린 것이다.

PLAY LIST

- 🎵 *Wheel of Fortune*
- 🎵 *All That She Wants*
- 🎵 *The Sign*
- 🎵 *Beautiful Life*
- 🎵 *Don't Turn Around*

트리비아

- '에이스 오브 베이스'라는 그룹명의 탄생 계기가 독특한데, 본디 지하실에서 연습하다가 '지하실의 에이스'라는 이름이 떠올랐다는 다소 짠내(?)나는 이야기가 전해지곤 했다. 하지만 훗날 울프가 밝히길 만취 상태에서 MTV를 봤는데 모터헤드의 'Ace of Spades'가 나와 그 이름에서 영향을 받았다고. 모터헤드는 메탈 밴드로, 1986년의 콘서트가 130데시벨을 기록하며 '세계에서 가장 시끄러운 밴드'라고 불리기도 했다.

에이스 오브 베이스를 키운 데니즈 팝의 제자 맥스 마틴은 2집 작업에 참여하며 늦게나마 인연을 맺었다. 그들이 해체한 이후로도 히트곡 제조기로 군림하며 최고의 팝 프로듀서로 남았는데, 맥스 마틴의 대표곡을 추려보았다. 히트곡만 써도 몇 페이지는 족히 필요하기에, 이번에는 설명을 생략하고, 가수당 노래 하나만 소개한다.

백스트리트 보이즈
– I Want It That Way

브리티니 스피어스
– ...Baby One More Time

엔싱크
– It's Gonna Be Me (작곡에만 참여)

셀린 디옹
– That's the Way It Is

핑크
– So What

마룬 5
– *One More Night*

아리아나 그란데
– *Problem*

테일러 스위프트
– *Blank Space*

케이티 페리
– *Roar*

저스틴 팀버레이크
– *Can't Stop the Feeling!*

더 위켄드
– *Can't Feel My Face*

콜드플레이 · BTS
– *My Universe*

저예산 영화의 기적,
더티 댄싱

◄ ⏸ ►►

몇천억을 쏟아부은 블록버스터가 영화판을 지배한 지는 제법 오래되었다. 어느 순간부터 흥행 영화 순위는 제작비와 거진 비례하는 경향이 있었고, 근래에는 거의 마블 시네마틱 유니버스의 영화들이 흥행 상위 순위를 줄줄이 차지했다. 혹자는 이를 두고 낭만이 사라졌다고도 했다. 마틴 스코세이지의 말마따나, 마블 같은 영화를 시네마 대신 테마파크의 개념으로 인식하는 대중들도 있을 것이다.

블록버스터 영화를 즐기는 사람으로서, 돈의 차이가 볼거리의 차이를 만드는 건 필연이라고 생각한다. 다만 저예산 영화가 넘어야 하는 낭만의 문턱이 많이 높아진 건, 어쩔 수 없이 아쉽다. 〈위플래쉬〉 같은 영화를 보며 최대한 많은 사람이 극장에서 이런 전율을 느꼈으면 좋겠다고 소망하기도 했으니까.

80년대는 블록버스터와 낭만이 공존하던 시대였고, 한때 영화감독을 꿈꾼 소년이었던 난 80년대의 웬만한 흥행 영화라면 한 번씩 챙겨 봤다. 하지만 음악 마니아라서 음악이 좋은 영화에 끌리는 건 어쩔 수 없었다. 1987년에 개봉한 〈더티 댄싱〉은 그중에서도 단연 명작이었다. 저예산으로 제작했지만 댄스 영화의 전설이 되었는데, 수록곡 하나하나가 주옥 같았다. 허투루 만들어진 노래가 전혀 아니었다.

저예산 영화의 진짜 낭만은 돈으로 해결할 수 있는 문제들을 몸으로 때워가며 해결한다는 점에 있다. 수많은 저예산 영화의 뒷이야기를 읽어봤지만, 아직까지 〈더티 댄싱〉만큼 내게 낭만을 선물한 사운드트랙이 없다. 고작 450만 달러의 제작비로 2억 달러를 넘게 벌어들이며 80년대 흥행 상위권에 당당히 이름을 올린 〈더티 댄싱〉의 제작 과정은 우여곡절 그 자체였다.

〈더티 댄싱〉이 탄생한 계기는 너무나 소소했다. 각본가 엘리노어 버그스틴은 본디 음악과 춤을 좋아했는데, 자신의 영화에 삽입한 댄스 장면이 최종적으로 누락되면서 아예 춤 영화를 만들어버릴 생각을 했다. 하지만 이 영화는 모든 메이저 영화사가 거절하면서 결국 '베스트론 픽처스'라는 소규모 영화사가 배급을 맡았다. 거절당한 이유는 마초적인 당시 트렌드에 영화가 영 맞지 않는다는 점이 컸다.

엘리노어에게 이 영화는 '덕력'의 표출이자 자아실현이었다. 1963년이라는 배경은 1938년생인 자신의 젊은 시절을 투영했다고밖에 볼 수 없었고, 실제로 알려진 바로도 본인 어린 시절의 이야기를 많이 반영했다. 영화에 수록된 60년대의 명곡들은 모두 엘리노어가 시나리오를 짤 때부터 점찍어둔 곡들이었다. 〈Be My Baby〉와 〈Stay〉, 〈Yes〉 등의 사용권을 가져오니 안 그래도 없는 잔고가 텅텅 비었다.

영화는 예산이 부족했고, 그나마 오리지널 곡 제안을 받은 가수들도 거절하기 일쑤였다. Dirty Dancing이라는 제목 자체가 직역하면 '더러운 춤', 의역하면 자극적인 춤이니 인상부터 좋지 못했다. 수록곡의 탄생 이야기를 하나씩 들어보면, 모두 주변 인맥과 전략 전술을 총동원해 가까스로 퍼즐을 끼워 맞췄다는 생각밖에 들지 않는다. 하지만 결론적으로 영화에 참여한 음악가는 모두 인생 역전을 이루었고, 모두가 승리했다는 점에서 진정 그 시절의 낭만이라고 할 만하다. 이 영화에 노래들이 어떻게 실렸는지 알아본 적이 있는데, 모두

기막힌 우연들이 있었다. 그 이야기를 하나씩 소개한다.

때로 답은 멀리서 찾을 필요 없이, 가까운 곳에서 발견하는 법이다. 하루는 남자 주인공 자니 역을 맡은 패트릭 스웨이지가 제작진에게 다가왔다. 2년 전 처박아두었던 자신의 데모 테이프를 슬쩍 꺼내 영화에 써보자며 건넸는데, 그 곡이 〈She's Like the Wind〉였다.

본디 이 곡이 만들어진 건 1984년. 〈그랜드뷰 U.S.A〉라는 영화를 촬영하다가 마찬가지로 수록할 곡이 없어 고심하던 제작진을 위해 패트릭이 작곡가 친구와 공동 작곡한 노래였다. 자신이 직접 불렀지만 최종적으로는 반려되어 수록되지 못했고, 마침 〈더티 댄싱〉 또한 같은 고민을 하자 다시 곡을 가져온 것이다. 작곡가 친구는 아예 이 노래의 존재조차 잊고 있었다는데, 〈더티 댄싱〉의 제작진은 이전

〈더티 댄싱〉의 한 장면, 두 주인공이 키스하기 직전의 모습

영화와 달리 이 곡을 마음에 들어 했고, 수록하기로 결정했다.

패트릭은 이 곡의 저작권을 친구와 함께 100% 가져가는 조건으로 저렴하게 곡을 넘겼다. 최종적으로 이 곡은 여자 주인공 베이비와의 관계를 들킨 자니가 베이비와 이별하는 장면에 수록되었다. 이번에도 패트릭 스웨이지가 직접 불러 감정선을 더했다.

같은 시기 미국에서는 프랭크 프리바이트라는 뮤지션이 전화비 낼 돈도 없을 만큼 궁핍한 상황에서 열심히 데모 테이프를 돌리는 중이었다. 그는 데뷔곡 〈Sweetheart〉를 빌보드 싱글 차트 10위까지 올렸지만, 이후로는 별 소득 없이 해체한 밴드 '프랭크 앤드 더 녹아웃츠'의 리더 출신이다. 한때 밴드의 드러머로 활동한 티코 토레스는 본조비로 갈아타 월드 스타가 되었고, 프랭크의 신세는 그와 완벽하게 대비되어 초라했다.

그런 프랭크를 찾아온 이가 〈더티 댄싱〉의 음악 감독 지미 아이너였다. 지미는 한때 프랭크가 몸담은 음반사의 사장이었다는 사실을 이용해 가난한 프랭크에게 수록곡의 작곡을 부탁했다.

더티 댄싱이라는 제목이 에로 영화처럼 느껴졌는지, 영화가 영 탐탁지 않았던 프랭크는 바쁘다며 난색을 표했지만 '전 사장님'의 간절한 부탁에 곡 하나를 써주기로 한다. 당시 사장님이 프랭크를 설득하며 한 말은 "이 영화가 네 인생을 바꿀 것"이라는 것이었다.

성공 따윈 기대도 하지 않은 프랭크 프리바이트의 5분짜리 데모는 마지막의 마지막이 되어서야 제작진 귀에 들어갔다. 이전까지 제작진은 맘에 드는 곡이 없어 다른 후보들을 불만족스럽게 검토할 뿐이었는데, 프랭크의 곡을 들어보고 나서야 엔딩곡을 결정했다고 한다. 제작진은 이 곡을 며칠간 돌려 들을 정도로 심취했는데, 5분짜리 데모가 종국엔 7분이 되고, 〈(I've Had) The Time of My Life〉라는 제목으로 세상에 나왔다.

프랭크의 작곡 능력에 반한 제작진은 한 곡을 더 부탁했고, 이에 프랭크는 원래 써놓았던 곡 하나를 갖다주는데, 그 노래는 〈Hungry Eyes〉. 두 곡 모두 영화의 중요한 장면에 삽입될 곡들이었다.

곡을 구했으니 이제 곡에 맞는 가수를 구해야 했다. 자니와 베이비의 엔딩 신에 등장할 〈(I've Had) The Time of My Life〉는 남녀 듀엣이 불러야 한다. 제작진은 당연히 라이오넬 리치와 도나 서머, 대릴 홀과 킴 케언즈 등 굵직한 가수들의 면면을 떠올렸지만 이번에도 모두 거절당했다. 제작진의 다음 타깃은 빌 메들리와 제니퍼 원스였는데, 둘 역시 상업적으로 큰 히트를 기록한 가수였기에 섭외 여부가 요원했다.

빌 메들리는 바비 햇필드와 함께 60년대에 전성기를 누린 '라이처스 브라더스'로 활동했고, 제니퍼 원스는 조 코커와 함께 〈사관과 신사〉 OST를 부른 주인공이었다. 〈더티 댄싱〉의 시대 배경과도 걸맞고, 듀엣에도 익숙한 최적의 조합이었다.

그러나 귀한 몸들을 쉽게 섭외할 수는 없었다. 빌 역시 〈더티 댄싱〉을 성인 영화로 착각해 거부 반응을 보였고, 이후로도 매한가지였다. 제니퍼 또한 탐탁지 않은 반응을 보이며 이번에도 무산되나 싶었다. 그러나 절묘하게 둘을 영화와 연결해 준 것은 바로 '음악적 호감'이었다.

둘은 함께 듀엣을 해보고 싶어 했다. 음악은 문제가 아니었다. 한쪽이 한다면 나도 하겠다던 둘은 그저 소망이 실현되어 즐거운 마음으로 노래를 불렀다. 자니가 구석의 베이비를 끌고 나와 함께 춤을 추고 리프트에 성공하는 7분간의 영상은 댄스 영화 역사상 최고의 엔딩이 된다.

영화 중간에 삽입된 〈Hungry Eyes〉 또한 마찬가지였다. 베이비가 자니에게 본격적으로 춤을 배우는 장면에 들어간 곡이라 영화의 본격적인 시작을 알리는 부분이라고 봐도 좋다. 음악 감독 지미 아이너는 프랭크를 섭외할 때와 마찬가지로 자신의 인맥을 동원, 약 10년 전 〈All by Myself〉를 프로듀싱한 인연으로 에릭 카르멘을 섭외했다. 에릭 또한 70년대 이후 80년대부터는 전성기가 한풀 꺾인 옛 가수였기에 적절한 섭외였다. 에릭 또한 지미의 부탁에 〈Hungry Eyes〉를 불렀다. 기어이 영화는 모든 퍼즐을 맞춘 것이다.

영화의 비전과 자금력(?)을 자랑할 수가 없던 〈더티 댄싱〉은 〈Overload〉라는 곡을 2,000달러 주고 구매하는 등 수단과 방법을 가리지 않고 사운드트랙을 채워나갔다. 이처럼 미약한 시작이었지만, 끝은 누구보다 창대했다.

〈더티 댄싱〉은 450만 달러의 예산으로, 2억 달러를 넘게 벌어들이며 80년대 최고의 흥행작 반열에 올랐다. 또한 사운드트랙은 무려 18주간 빌보드 앨범 차트 1위를 기록하며 3,000만 장이 넘는 판매고를 기록했다. 〈토요일 밤의 열기〉에 이은 역대 두 번째 사운드트랙 판매 기록이자, 〈보디가드〉가 기록을 갈아치운 지금까지도 3위에 위치한다.

영화에 곡을 값싸게 넘기는 대신 저작권을 챙긴 패트릭 스웨이지는 〈She's Like the Wind〉가 빌보드 싱글 차트 3위를 기록하는 흥행을 기록해 큰 보너스(?)를 얻었다. 간곡한 설득에 곡을 써줬던 가난한 작곡가 프랭크 프리바이트는 아카데미 올해의 주제가상을 수상하며 순식간에 유명 뮤지션으로 거듭났다. 서로를 보기 위해 듀엣을 했던 빌 메들리와 제니퍼 원스는 〈(I've Had) The Time of My Life〉로 빌보드 1위, 더불어 그래미 팝 듀오 상까지 수상했다. 80년대에 전성기가 꺾인 에릭 카르멘 또한 〈Hungry Eyes〉로 빌보드 4위, 이후 발매한 자신의 후속곡 〈Make Me Lose Control〉마저 빌보드 3위로 올리며 다시 한번 흥행 가수가 되었다.

누구도 성공을 예측하지 못한 영화 〈더티 댄싱〉. 고작 450만 달러로 블록버스터를 넘어서는 파급력을 보여주며 기적 같은 결과를 얻었다. 영화에 참여한 모든 이에게 아름답고 훌륭한 결말을 안겨주어서 더욱 빛나는 이야기다. 그래서 이 영화가 내게 낭만을 준다고 말한 것이다. 이 영화를 아끼는 이유이기도 하다.

PLAY LIST

- 🔘 더 로네츠 - *Be My Baby*
- 🔘 모리스 윌리엄스 & 더 조디악스 - *Stay*
- 🔘 메리 클레이튼 – *Yes*
- 🔘 패트릭 스웨이지 - *She's Like the Wind*
- 🔘 *The Time of My Life(demo)*
- 🔘 *Hungry Eyes(demo)*
- 🔘 빌 메들리, 제니퍼 원스 – *(I've Had) The Time of My Life*
- 🔘 에릭 카르멘 – *Hungry Eyes*

트리비아

- 패트릭 스웨이지가 출연한 1990년 개봉작 〈사랑과 영혼〉 또한 빌보드 역사에 남을 수록곡을 남겼다. 1965년에 발매한 라이처스 브라더스의 〈Unchained Melody〉는 〈사랑과 영혼〉에 수록된 이후 재발매와 역주행을 거쳐 빌보드 차트에 진입했다.

  그러나 막상 당사자인 라이처스 브라더스에게는 저작권이 없었고, 자신들 또한 〈Unchained Melody〉를 재녹음해 발매했다. 같은 가수의 〈Unchained Melody〉가 빌보드 차트에 올라가며 같은 주에 17위, 19위를 기록하는 기이한 장면을 연출했다. 두 곡의 성적이 합쳐졌다면 1위를 차지했을 것이다.

80년대에 〈더티 댄싱〉과 더불어 가장 유명했던 댄스 영화는 아무래도 〈플래시댄스〉일 것이다. 1983년에 개봉해, 700만 달러의 제작비로 2억 달러를 넘게 벌어들인 작품인데, 전문 댄서를 꿈꾸는 18세 소녀 알렉스 오웬스의 이야기를 담았다. 조르조 모로더가 영화 음악을 맡아 지금까지 회자되는 사운드트랙을 만들었다. 〈플래시댄스〉의 사운드트랙을 살펴본다. 아래에 소개한 곡 이외에도 조 에스포지토의 〈Lady, Lady, Lady〉, 도나 서머의 〈Romeo〉와 로라 브래니건의 〈Imagination〉 등이 수록된 〈플래시댄스〉의 사운드트랙은 지금까지도 최고의 사운드트랙 앨범으로 손꼽힌다.

아이린 카라
– Flashdance (What a Feeling)

아이린 카라는 이미 1980년 뮤지컬 영화 〈페임〉에 출연한 바 있었고, 본인 또한 어렸을 때부터 춤을 춰 댄서의 심정을 누구보다 잘 알고 있었다. 아이린은 키스 포시와 함께 이 곡의 가사를 쓰고, 춤에 모든 것을 맡긴 소녀의 이야기를 이 곡에 담아냈다. 1983년 빌보드 싱글 차트 1위, 연간 차트 3위.

마이클 셈벨로
- Maniac

〈플래시댄스〉 또한 버려진 곡을 재활용하여 자신들만의 곡으로 만들었는데, 마이클 셈벨로의 〈Maniac〉은 본디 공포 영화 〈매니악〉에 수록하려고 만든 곡이었으나 (이 영화에 영감을 받아 만들었다는 이야기도 있다.) 결국 빛을 보지 못하다가 제작진이 발견한 노래다. 공포 영화에서 '미친놈'을 일컬었던 maniac은 춤에 미친 maniac으로 탈바꿈했고, 1983년 빌보드 싱글 차트 1위, 연간 차트 9위를 기록했다.

아름다움에 중독된 남자, 피트 번즈

◄ ❚❚ ►

피트 번즈를 처음 본 순간이 기억난다. 2008년, 그의 음악은 인터넷 문화에 심취한 청소년이라면 모를 수가 없었다. 쉽게 얘기하자면, 그의 음악은 게이 포르노의 일부를 편집한 플짤의 배경음이었고, 이는 음악과 영상이 묘하게 어우러져 네티즌 사이에서 컬트적 인기를 끌었다. 나 또한 이 영상을 어쩔 수 없이 봐버린 피해자(?)였다. MBC FM 《배철수의 음악캠프》에서 갑자기 피트의 노래를 신청하는 일이 폭증하자, DJ가 이를 의아하게 여긴 적이 있다. 나중에 "음악은 음악으로 듣자."라는 대답을 했다는 이야기는 유명하다.

이후 피트는 KBS 《스펀지》에 성형 중독 가수로 소개되었다. 그가 가십으로 소비되는 건 어쩔 수 없는 숙명이었다. 피트 번즈는 명예를 회복하지 못하고 2016년 세상을 떠났다. 오랜 시간이 지난 지금, 피트를 여전히 성형 중독으로 기억하는 이들에게 진실을 전하고자 한다. 그의 진면모가 성형만이 아닌 다방면으로 조명되길 바라며

250

이 글을 쓴다.

1959년에 태어난 피트의 어린 시절은 결코 평범하지 않았다. 어머니 에벨리나 본 휴덱(Evelina von Hudec)은 무성영화 배우 출신으로, 당대의 명배우 마를레네 디트리히의 지인이기도 했다. 어머니는 피트에게 각종 화장법을 알려주며 피트를 독려했는데, 남자 대부분이 화장을 기피하던 시절이었기에 이는 더욱 특별했다. 피트의 성인 시절은 어머니의 영향을 짙게 받았다고 한다. "어머니로부터 어마어마한 자유와 창의성을 보장받으며 자랐다."라고 했으나 실은 어머니 또한 약물과 알코올중독으로 신음하던 인물이었다.

피트는 남들과 다른 것에 부끄러움이 전혀 없었다. 머리 염색을 위해 가죽 염색약을 부어버린 적이 있으며, 열두 살부터는 코에 피어싱을 했다. 열네 살에는 자신의 복장을 규제하는 학교에 반발하며 자퇴를 선언했다. 이후 미용사 일을 하면서도 원체 독특한 외견 덕에 군중을 몰고 다니고, 옷 가게를 하며 생계를 꾸리다가 의도치 않게 가수의 길을 걸었다. 피트는 가수가 되고 싶은 생각이 전혀 없었고, 그저 꾸미는 게 인생의 낙인 청년이었다.

언젠가 클럽에서 우연히 보이 조지를 마주치고는 "왜 내 스타일 따라 했냐."라면서 따질 정도로 자부심이 대단했다. 하지만 그 당시 피트가 드나들던 클럽은 "밴드를 하지 않으면 이 클럽에 드나들지 못할 것"이라며 피트를 압박했고, 이런 겁박(?)은 피트가 밴드를 시작한 계기가 되었다. 피트는 돌고 돌아 1983년 '데드 오어 얼라이

DOA 활동 당시의 피트 번즈(1985년)

브'(이하 DOA)라는 밴드의 보컬로 정식 데뷔한다.

DOA는 디스코와 펑크(punk)를 좋아했던 피트의 취향을 그대로 반영한 밴드였다. 같은 뉴로맨틱의 범주였지만 컬처클럽과는 음악색이 완전히 달랐고, 그들의 음악은 대체적으로 가볍고 신났다. DOA의 시작은 미국의 디스코 밴드 KC 앤 더 선샤인의 히트곡을 리메이크한 〈That's the Way (I Like It)〉였다.

목욕탕에서 찍은 뮤직비디오가 DOA의 감성을 그대로 보여주는 듯한데, 이후로도 DOA는 비슷한 느낌을 유지하며 성공 가도를 걸었다. 〈Misty Circles〉와 더불어 1집에서 어느 정도 반응을 얻은 DOA는 곧장 2집을 발매했다. 2집 프로듀싱을 맡은 스톡 에이트켄 워터맨(이하 SAW)은 이후 영국 댄스 음악의 최강자로 군림하는 3인조 프로듀싱 그룹이었는데, DOA는 소위 하이에너지(Hi-NRG)로 불리는 이 디스코 음악으로 영국 최고의 인기 그룹이 된다. 그 노래가 바로 20년 뒤 인터넷 세대에게 사랑받은 〈You Spin Me Round (Like a Record)〉였다.

처음엔 흥행을 기대한 사람이 많지 않았던 이 곡은 무려 42주에 걸쳐 차트를 차근차근 올라가 결국 UK 차트 1위까지 올라갔다. "너는 나를 레코드처럼 빙빙 돌린다."는 가사와 뮤직비디오는 기묘한 중독성과 함께 마니악한 반응을 이끌어냈다.

나는 아직도 러닝곡이나 노동요로 이 곡을 애용한다. 가사를 흥얼대면 특유의 리듬감이 나를 강제로(?) 일에 빠지게 한다. 다만 너

무 중독되면 수능 금지곡처럼 오히려 집중을 깨버릴 수도 있으니 요주의다. 유학생 시절 노래방에 가서 이 곡을 불러주니 영어 쓰던 친구들이 좋아 죽던 기억이 난다.

이 노래가 흥행할 당시, 피트는 컬처클럽의 보이 조지와 라이벌로 엮이자 화를 냈다. 피트의 스타일은 독보적이었고, 〈You Spin Me Round〉의 뮤직비디오만 봐도 그 점을 확인할 수 있다.

뮤직비디오를 보면 피트는 안대를 쓰고 나온다. 한쪽 눈을 가린 피트의 모습은 이후로도 그의 상징이 되었는데, 안대를 착용한 건 바로 실패한 성형수술 때문이었다. 피트는 1집으로 번 돈을 코 성형에 썼는데, 그의 말마따나 "데뷔 전 박치기를 당해 코가 한쪽으로 휜 걸" 교정하는 수술이었다. 불가피한 사고와 본인의 강박증이 겹쳐져 시도한 수술이었지만 결과는 끔찍했고, 완전히 무너져 내린 한쪽 얼굴을 가리려고 급하게 안대를 착용한 것이 반응이 좋아 그대로 패션 스타일이 되었다.

DOA는 이후로도 〈Brand New Lover〉, 〈Turn Around and

Count 2 Ten〉 등의 댄스 히트곡을 배출하며 자신의 정체성을 구축했다. 이후 피트는 본인 욕심으로 몇 차례 더 수술을 받으나, 개중 성공한 수술은 손에 꼽았다. 실패를 덮으려고 다시 수술하는 악순환의 연속이었다.

피트의 삶은 성형만으로는 설명할 수 없을 정도로 기구하다. 피트는 한창 노를 저어야 할 때 어머니의 폐암 투병 소식을 듣고 모든 활동을 포기했다. 자그마치 열 달 동안 어머니를 간호했고, 매니저의 만류에도 마돈나의 투어 오프닝마저 포기할 정도로 지극정성이었다. 어느 날 한 기자가 폐암 투병 중인 피트의 어머니를 취재하기 위해 간호사 행세를 하고 몰래 사진을 찍었다. 이를 비롯해 용납할 수 없는 일들이 수도 없이 벌어졌다. 피트는 음악만 하고 싶어 했지, 쏟아지는 관심은 마다했다. 화장과 화려한 패션도 자기만족 때문이었지 타인의 관심을 구하려는 행위는 아니었다. 자신이 하고 싶은 대로 살 수 없으며 이것저것 요구사항 또한 많아지기 때문이다. 팬들의 관심마저 당시 피트에게는 부담이었다. DOA가 활동 재개와 휴식을 반복하는 사이에 결국 어머니는 세상을 떠나고 말았다. 치료비를 마련하려고 결국 투어를 재개했으나 도중에 어머니의 부고 소식을 접했다고 한다. 이후 피트는 90년대를 음악 활동 없이 조용히 보냈다. 그 사이 성형 실패를 반복하며 본래의 모습을 잃어버렸다.

피트에게 성형은 '고친다'는 개념이 아닌, 끊임없이 예뻐지려는 노력이었다. 새로운 스타일을 만드는 과정이라고도 볼 수 있었고, 어쩌면 어릴 적부터 우울증을 앓던 피트에게 해방구로 기능했을지도 모른다. 하지만 모든 수술이 자신의 의도대로 되진 않았고, 피트는 잘못된 수술을 수습하려고 재수술을 반복했다. 피트는 셀 수 없이 많은 수술을 받았다. 300회로 추정되지만 어쩌면 그것보다 더 많이 했을지도 모른다. 그리고 그중 다수는 재건 수술이었다.

광대나 입술 등, 망가진 부위를 고치는 수술은 나중에 미용이 아닌 생사를 걱정해야 할 정도로 위급한 수술이 되어버렸다. 2000년대가 되어서는 음료수조차 빨대가 있어야만 마실 수 있었고, 입에서 계속 진물이 나올 정도였다. 90년대 가끔 TV에 나온 피트의 모습과 2000년대 모습을 비교하면 충격적인 변화에 입을 다물 수 없다.

입술을 제거해야 하는 지경에 이르렀으나 어렵게 재건이 가능한 의사를 만나 재활을 진행했다. 재활 기간 피트는 혈전증과 신장결석을 앓았으며 한쪽 눈은 거의 실명이었다. 2006년, 2년간의 재활 끝에 되살아난 피트였지만 이제는 치료에 모든 돈을 쏟아부어 파산 위기에 몰렸다. 재정 문제가 생긴 피트에게 해결책은 TV 출연밖에 없었고, 피트는 그 순간 그토록 싫어했던 셀럽의 삶을 받아들였다. 《셀러브리티 빅 브라더》라는 프로그램에 출연해 자신의 모습을 드러낸 것이다. 일거수일투족을 공개하는 프로그램에 180도 변한 얼굴로 출현하자 피트는 화제의 중심이 되었다. 물론 히트곡을 배출하던 그 시절처럼 긍정적인 화제는 아니었다.

돈을 벌려고 출연한 리얼리티 프로그램은 결국 피트에게 더 큰 고통을 주었다. TV에서 비춰지는 '마이웨이' 모습은 실제와 달랐고, 이후로 피트는 타블로이드에 모든 사생활을 침범받았다. 21세기에 접어들어 피트는 자신의 입술을 망친 의사를 고소해 보상금을 받거나, 남자 친구를 폭행해서 체포되었다는 등 가십거리로만 소비되었다. 피트의 지인들은 이 시기 피트를 '멜트다운'되었다 표현했는데, 이는 성형에서 시작된 여러 압박과 부담이 몇십 년 누적되어 나온 '멘털 붕괴'라고 보는 것이 정확했다. 그럼에도 피트는 말년 인터뷰에서도 끊임없이 예뻐지고 싶은 욕망을 드러냈다. 나는 예순다섯이 되어도 예순다섯처럼 살기 싫다고. 하지만 2016년, 예순다섯이 되지 못한 채 세상을 떠났다. 사인은 심장마비. 나이는 쉰일곱이었다. 피트 유족은 장례 비용이 없어 고민했는데, 80년대 라이벌로 불렸던 보이 조지가 모두 부담했다.

피트는 태어났을 때부터 일관되게 '아름다움'만을 원했다. 누군가에겐 그저 아둔한 모습으로 비춰질 뿐이었으나, 유명세와 명예도 거부한 피트에게 인생의 유일한 희망은 아름다움이었다. 피트에게는 꾸미지 못하는 일이 가장 비참했다. 하지만 그런 욕망과 강박은 성형의 부작용만 전 세계에 알리는 꼴이 되었고, 피트 자신 또한 후유증으로 고통받다가 세상을 떠났다.

21세기 들어 피트는 컬트의 아이콘 같은 느낌이었다. 많은 이가 인터넷으로 그의 음악을 코믹하게 접한 뒤 그의 얼굴을 확인하고 충격을 받았을 것이다. 웃음거리가 될 수밖에 없었다. 생전의 피트는 자신의 이야기를 제대로 드러낸 적이 거의 없었으니까.

피트 번즈 사후에야 각종 다큐멘터리와 기사 등이 피트의 삶을 온전히 비추었다. 셀럽은 소비될 수밖에 없는 운명이다. 그들이 온전한 명예를 찾는 시기는 세상을 떠난 이후다. 피트의 삶을 다시 한번 조명하며 든 생각이다.

PLAY LIST

- *That's the Way (I Like It)*
- *You Spin Me Round (Like a Record)*
- *Brand New Lover*
- *Turn Around and Count 2 Ten*

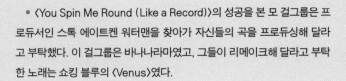

트리비아

- 〈You Spin Me Round (Like a Record)〉의 성공을 본 모 걸그룹은 프로듀서인 스톡 에이트켄 워터맨을 찾아가 자신들의 곡을 프로듀싱해 달라고 부탁했다. 이 걸그룹은 바나나라마였고, 그들이 리메이크해 달라고 부탁한 노래는 쇼킹 블루의 〈Venus〉였다.

DOA의 〈You Spin Me Round (Like a Record)〉 뮤직비디오는 멤버들이 테이프에 묶인 채 빙글빙글 도는 모습을 보여주는 괴기한 (?) 콘셉트로 유명하다. 80년대의 특이한 뮤직비디오를 꼽아봤다.

더 웨더 걸스
– It's Raining Men (1982)

'하늘에서 남자가 내려온다'는 가사 탓에 도나 서머와 셰어, 바브라 스트라이샌드 등이 거절한 곡. 그러나 실제로 남자가 비처럼 쏟아지는 모습을 구현(?)한 뮤직비디오는 마니아층의 열광적인 지지를 받았다.

저니
– Separate Ways (1983)

정말 돈을 하나도 쓰지 않은 듯한 연출이 인상적인 뮤직비디오. 스티브 페리의 압도적인 목소리를 뒤로한 멤버들은 악기를 들지도 않고 연주하는 시늉만 한다. 그런 이유로 '최악의 뮤직비디오'로 꼽히기도 하지만, 역설적으로 지금은 저니 하면 떠오르는 뮤직비디오가 되었다.

제네시스
– Land of Confusion (1986)

멤버들의 캐리커처 인형을 뮤직비디오에 옮겨와 5분 내내 보여준다. 그래서 보다 보면 어딘가 기괴하다. 시작부터 미국 대통령 로널드 레이건의 모습을 보여주더니, 핵무기 발사로 마무리된다. 글로는 절대 전달되지 않는 특유의 센스가 있다.

아기 노릇하기 힘들어!
최연소 인기 가수, 조르디

나에게 또 한 가지 취미가 있다면 옛날 뉴스 챙겨 보기다. 방송국에서 일할 때나, 유튜브를 챙겨볼 때나 그 시절 생활상을 담은 아카이브를 접하게 되는데, 보다 보면 별의별 생각이 다 든다.

버스에서 담배를 피고, 폭주족이 여의도를 질주하는 등 정말 경이로운 모습들이다. 우리 세대는 80~90년대를 낭만의 시대라 칭하곤 하는데 사실 반쯤은 낭만이고, 반쯤은 야생이란 말이 더 어울릴 것이다. 음악 비즈니스도 마찬가지다. 네 살짜리 아기도 상품성이 있으면 돈을 벌었다. '조르디'라는 가수였다.

아기가 되기는 너무 힘들다며 푸념하던 아기 가수 조르디는 당시 전 세계를 누비며 한국의 쇼 프로그램에도 출연했다. 내가 조르디를 알게 된 계기는 초등학생 때 어머니 차에 탔다가 라디오에서 들은 아기 목소리였다. 어머니가 90년대에 이런 가수도 있었다고 하셔서 마냥 신기했던 기억이 있다. 역대 최연소 차트 1위 가수라는 기네스 기록까지 갖고 있는 조르디. 하지만 조르디의 인생(?)은 그리 순탄하지 않았다.

조르디는 1988년에 태어나 1992년에 데뷔, 당연히 데뷔에 본인의 의지는 없었다. 데뷔 전 이야기는 마치 영웅의 탄생 설화 같다. 걸음마를 배울 때부터 조르디는 샹송을 따라 부르거나 라디오 음악에 정확하게 박자를 맞췄다고. 프로듀서 아버지와 전직 싱어송라이터에 현직 라디오 DJ였던 어머니는 금세 조르디의 재능을 파악했다. 그리고 조르디를 곧장 데뷔시킨다. 소위 말하는 '돈 냄새'를 맡은 것이다. 조르디의 데뷔곡은 프랑스어로 〈Dur dur d'être bébé!〉였는데, 이는 당시 조르디가 오디션을 봤던 기저귀 광고의 문구인 hard, hard to be wet에서 wet을 baby로 바꾼 것이다.

이 제목은 한국어로 '아기 노릇하기 힘들어!'라는 말로 자주 번역되었다. 이 곡은 금세 클럽 등지에서 인기를 얻고 소니와 계약에 성공한다. 조르디 측에선 재미 삼아 만든 음반이 널리 퍼지게 되었다고 설명했으나 실상은 계획적이었다. "엄마가 이거 해라 저거 해라, 잔소리를 한다."라는 가사는 엄마가 써줬고, 뮤직비디오는 조르디가 부모의 품에서 벗어나 동년배 친구와 사랑을 꽃피우는 로맨스를 담고 있다.

1집 앨범 커버

조르디가 정말 천재적인 재능을 가

졌느냐 하면 나는 그렇게 생각하지 않는다. 처음 라디오에서 들은 조르디는 전형적인 아기 목소리였고, 음과 박자를 맞춰도 아기는 아기였다. TV에 나와 춤을 춰도 성인처럼 능숙한 모습은 아니었다. 결국 조르디의 성공 요소는 실력이 아닌 '아기'라는 이미지였던 것이다. 갈수록 어린 가수가 소비되는 팝 시장이었지만 네 살짜리가 부르는 노래라는 사실만으로도 세일즈 포인트는 충분했다.

〈Dur dur d'être bébé!〉는 모국 프랑스에서 15주 연속 1위를 차지하고, 유럽 각지를 넘어 지구 반대편 아시아까지 인기가 닿을 정도였다. 한국에도 방문해 노래를 불렀(?)으나 사실 불렀다기보다는 재롱에 가까웠다. 그때 인기는 지금도 흔적이 남아 있다. 2019년에 배스킨라빈스가 조르디의 노래를 번안하여 CF를 제작한 것이다.

프랑스 소니에서 당시 가장 많은 수입을 올린 가수는 조르디였다. 돈 때문에 조르디는 어른들의 꼭두각시가 될 수밖에 없었다. 조르디의 교육은 어떻게 되었을까? 유치원을 빠지는 대신 숙제를 받았다고도 하는데, 결국엔 유치원조차 제대로 다니지 못했다는 이야기다. 아버지는 조르디의 의중이 가장 중요하고, 아이가 원하면 더는 가수 생활을 하지 않을 것이라 말했지만, 훗날 성인이 된 조르디는 말했다. 다섯 살짜리 아이의 의중을 어른이 컨트롤할 수 없겠냐고.

93년 조르디 방한 영상

성인 조르디는 자신이 아빠한테 엄청난 세뇌를 당했다고 말했다. 전성기 시절의 조르디를 인터뷰했던 음악 기자 닐 스트라우스의 회상을 살펴보자. 조르디는 인터뷰 도중, 인터뷰룸에 여자 친구를 데려와 달라 요구했다. 그러더니 여자 친구 바지를 내리고 엉덩이에 꽃을 그렸다느니 하는 어른이 할 법한 소리를 일삼았다. 같은 자리에 있던 부모는 "세상의 관심이 우리 아들에게 미치는 영향은 없다."라고 말했지만, 그걸 곧이곧대로 믿는 사람은 많지 않았다. 1995년에 나온 3집 수록곡 〈Coolman〉의 뮤직비디오는 아예 조르디가 섹시한 성인 여성들 사이에서 노래를 부르는 모습이었으니까. 착취를 의심하던 사람들에게 쐐기를 박은 뮤직비디오였다.

조르디는 길게 갈 수 없는 가수였다. 1994년, 아동 착취를 우려한 프랑스 정부는 전국 TV와 라디오에 조르디의 출연을 금지했다. 부모님은 조르디 농장이라는 놀이공원에 조르디를 어린이 전용 디스코텍의 DJ로 세우며 끝까지 사업을 다각화했지만 실패였다. 그리고 부모가 이혼하면서 조르디의 가수 생활도 끝났다. 결국 조르디의 가수 커리어는 부모의 손에 달려 있었다.

조르디는 아버지가 떠나고, 그나마 자신을 보호해 준 어머니만 남은 뒤에야 평범한 삶을 영위할 수 있었다고 한다. 성인이 되어 통장을 확인했으나 통장에는 아무것도 없었다고. 조르디는 아버지가 끝까지 자신을 이용했고, 이용 가치가 떨어지자 자신을 버렸다는 이야기를 했다. 그래서 아버지를 용서할 수 있을지 모르겠다고 말했다.

이후 조르디는 자신의 의지로 음악을 내고, 잠깐 컴백 시도를 하지만 옛날 노래를 부르지 말라는 소니의 제약에 분노했다. 뒤늦게나마 소니를 상대로 소송을 걸어 82만 유로를 받고, 현재는 평범하게 살고 있다고 한다. 사운드 엔지니어링을 배우고, 프로덕션 회사를 설립했으며 2020년에 둘째를 낳았다는 소식도 전해진다.

어린 시절의 추억은 평생 남는다. 조르디는 돈에 욕심을 품은 어른들 탓에 평범하지 않은 시절을 보냈고, 추억답지 않은 추억만 남았다. 추억은 돈으로 완성될 수 없다. 순수함만이 추억을 그릴 뿐이다.

PLAY LIST

- 🎵 *Dur dur d'être bébé!*
- 🎵 *Coolman*

트리비아

- 비슷한 시기 한국에는 인병국 군이 있었다. 1989년생인 인병국 군은 1992년, 네 살의 나이로 《꾸러기 대행진》의 코너 '아기 꾸러기 병국이'에서 자신의 일상을 속속들이 보여주었고, 1993년엔 《꾸러기 병국이》라는 1집 앨범까지 발매했다. 1번 트랙의 이름은 〈어른이 되고 싶지만〉으로, 조르디의 노래와 콘셉트가 비슷하다. 조르디와 함께 TV에 출연하기도 했다.

과거를 이야기하면 또 빠질 수 없는 것이 프랑스 노래다. 조르디는 이 책에서 소개하는 유일한 프랑스 가수다. 이번에는 들으면 알 수밖에 없는 샹송을 몇 가지 추천해 본다. 복고맨의 픽업이라기보다는 이미 픽업된 곡을 복고맨이 다시 소개한다는 게 맞는지도 모르겠다.

다니엘 비달
– Pinocchio

다니엘 비달은 앳된 외모와 목소리로 프랑스보다 일본에서 훨씬 더 큰 인기를 끈 가수였다. 소개곡 〈피노키오〉도 1970년 발매되어 오리콘 차트 20위까지 올라간 히트곡. "오! 샹젤리제"라는 가사로 유명한 〈Les Champs-Élysées〉도 다니엘 비달의 버전이 많이 알려져 있다.

이자벨 아자니
– Ohio

프랑스의 국민 배우로 알려진 이자벨 아자니는 사실 가수도 했다. 세르쥬 갱스부르가 작곡한 1983년작 〈Ohio〉는 화자가 지쳐버린 채로

오하이오와 네바다, 메사추세츠 등을 전전하며 엘도라도를 꿈꾸는 마음을 담고 있다. 《한밤의 TV연예》 시청자라면 도입부부터 익숙한 노래.

에디트 피아프
– *Non, Je ne Regrette Rien*

샹송 하면 떠오르는 대표 프랑스 가수, 에디트 피아프. 그녀가 남긴 노래 중에서도 "아무것도 후회하지 않는다."라는 제목의 이 곡은 자신의 사망 3년 전에 발매되어 큰 울림을 안겼다. 현재는 영화 〈인셉션〉의 삽입곡으로 가장 유명하지만, 누군가는 1994년 영화 〈파니 핑크〉의 수록곡으로 기억할 것이다.

88 서울 올림픽을
앞두고 나온 노래, KOREA

◀ ❙❙ ▶

　　80년대에 〈KOREA〉라는 곡이 있었다는 사실을 알게 된
계기는 역시나 그 시절을 겪은 분들과 만나 나눈 대화였다. 그때 자
주 들었던 곡으로 〈KOREA〉를 꼽길래 겉으로는 잘 아는 척 그러시
냐며 넘겼다. 사실 처음 들어보는 곡이었다. 제목만 들었을 때의 솔
직한 첫인상은 어떤 외국 가수가 한국 시장을 노리고 만들었을 게 뻔
하다는 것이었다. 소위 '국뽕용' 곡 아니냐는 생각이었다.

　　나는 세월이 변하면서 국뽕의 형태 또한 변해왔다고 생각한다.
선진국에게 인정받아야 국뽕이었던 지난날과 달리 요새는 문화 자
체를 지배하는 게 국뽕이 되었다. 30년 전 우리는 왜색의 유입을 두
려워했으나, 이제는 일본이 한국의 대중문화를 두려워한다. 넘을 수
없는 벽처럼 보였던 빌보드 또한 이제 BTS가 공략해 허물어졌다. 요
컨대, 80~90년대를 겪지 못한 세대는 예전의 국뽕이 크게 다가오지
않는다는 말. 그래서 이 곡 또한 그 시절의 흔한 곡 중 하나가 아닐까

88 서울 올림픽 당시, 성화 점화 모습

짐작했다. 직설적인 제목의 임팩트에 흥미가 동한 나는 집에 돌아가이 곡의 탄생 계기와 역사를 모두 찾아봤다. 결과부터 말하자면, 단순히 국뽕의 한 갈래로 치부하기엔 제법 많은 사연을 담은 곡이었다. 시작은 대한민국 근현대사 최고의 자랑인 88 서울 올림픽이다.

1981년 9월 30일은 대한민국 근현대사에 영원히 남을 날이었다. 서울이 나고야를 제치고 88 올림픽 개최지로 선정된 날이기 때문이다. 이후 전 국민은 올림픽의 성공적 개최를 위해 뛰었고, 국제사회에서 한국을 바라보는 눈 또한 80년대를 전후로 뒤바뀌었다.

레슬리 만도키 또한 그랬다. 독일 그룹 '징기스칸'의 멤버이자 헝가리 사람이었던 레슬리는 올림픽 시즌에 맞춰 한국과 관련한 노래를 만들자는 결론에 다다른다. 본인 그룹부터 〈Moskau〉와 〈Rome〉

을 비롯해 지역 이름을 딴 노래를 수도 없이 발매했고, 그중에서도 〈Moskau〉는 1980년 모스크바 올림픽 바람을 타고 큰 재미를 봤기 때문에 이번에도 충분히 할 수 있다는 생각이었다.

레슬리는 1986년, 서울국제가요제 초청 가수라는 명목으로 방한해 그곳에서 참가자로 방한한 뉴튼 패밀리의 에바 선을 만났다. 뉴튼 패밀리 또한 헝가리 출신으로 〈Smile Again〉이란 노래가 한국에서 크게 히트한 그룹이었다. 한국인을 위해 〈Smile Again〉의 한국어판도 취입할 정도였는데, 국적으로나 현지 인기로나 레슬리에겐 안성맞춤의 파트너였던 것. 헝가리로 가는 비행기에서 에바에게 이런 제안을 했다고 한다. 2년 뒤가 올림픽이니 한국과 관련한 곡을 같이 불러보자고. 어쩌면 올림픽 주제가가 되지 않겠냐면서. 그렇게 레슬리와 에바가 합심해서 만든 곡이 바로 〈KOREA〉다. 멜로디에 아리랑을 삽입하고, 노래 중간에 "미국에서 해가 질 때 한국에선 해가 뜬다."라는 가사를 싣는 등 노골적으로 올림픽을 겨냥했다. 노래는 징기스칸과 뉴튼 패밀리의 인기를 등에 업고 곧장 한국에 발표되어 인기를 끌었다.

이 당시에 나온 기사를 살펴보면, 1987년 9월에 동아일보는 뉴튼 패밀리 리드싱어가 한국을 주제로 한 노래를 발표한다고 소개했다. 그리고 동년 11월 매일경제에서는 "헝가리에서도 〈KOREA〉가 인기를 끌고 있으며, 두 나라의 친선과 문화 교류 증진에 큰 도움을 줄 것이라고 관계자들은 전망한다."라는 기사를 내보냈다. 또한 "교류가 없는 타국가에도 88대회의 참가를 유도하는 자극제가 될 것"이라는 서울올림픽대회조직위원회의 예측도 있었다. 레슬리와 에바는 한국인들의 심금을 울리기 위해 한 가지 언론 플레이를 했는데, 둘이 서울국제가요제에서 처음 만나

연인이 되었다는 것. 한국에 고마움을 느껴 이 노래로 그 감정을 표현하려 했다는 말인데, 사실 에바는 당시에 이미 영국의 작곡가와 동거 중이었고, 레슬리도 1988년 치과 의사(동명이인 에바)와 결혼해 현재까지 잘 살고 있다. 한국인들의 어깨를 잔뜩 올라가게 한 감동적인 사랑 이야기였지만, 그저 '떡밥용' 환상일 뿐이었다.

그 시절엔 이런 일들이 종종 있었다. 잘못된 정보를 퍼트리거나 거짓 사연을 만드는 일도 비일비재했다. 올림픽 주제가를 위해서라면 없던 사랑도 만들던 시대. 하지만 결국 주제가는 〈손에 손잡고〉로 결정되었고, 〈KOREA〉는 한국의 개방을 상징하는 노래가 되었다.

올림픽이 점점 다가오자 각국 가수들이 〈KOREA〉를 리메이크했다. 한국(박혜령), 말레이시아(라자 에마), 중국(펭시아오웽)과 홍콩(시타웡), 그리고 일본도 있었다. 1988년 일본의 3인조 걸그룹 '소녀대'가 〈KOREA〉를 커버해 새롭게 발표한 것이다.

당시 일본 문화를 오리콘 차트 순위로 훑는다면, 소녀대는 꽤나 주목하기 힘든 그룹이다. 하지만 소녀대는 1985년 홍콩 영화에 출연하며 일본 국내보다는 국외 아시아 시장에서 인기를 끈 그룹이었다.
한국에서도 사정이 비슷했다. 레슬리와 에바가 출전한 서울국제가
요제에 출연, 형형색색의 코스튬과 댄스로 한국 대중에게 깊은 인상
을 남기며 인지도를 올렸다. 이후 한국에서 앨범을 발매하고, 뉴튼
패밀리와 마찬가지로 한국어 버전의 노래를 만드는 등 한국에 공을
들이며 활동했다.

올림픽 개최를 확정 지은 뒤, 조직위원회는 '반쪽짜리 올림픽'의
역사를 끊기 위해 사력을 다했다. 1980년 모스크바 올림픽은 서구권
의 보이콧으로, 1984년 LA 올림픽은 동구권의 보이콧으로 '반쪽 올
림픽'이 된 바 있었다. 서울 올림픽의 지상 과제는 '화합'이었고, 이에
따라 한국은 전 세계적으로 자신들의 개방성을 알리기 위해 백방으
로 노력했다.

뒤에서는 각국의 조직위를 설득해 참여를 유도했으며, 앞에서는
국제가요제 같은 행사를 주최해 각국의 유명 가수를 초청했다. 그 와
중에도 일본어의 공중파 송출은 철저히 배제했는데, 1988년 MBC가
주최한 '올림픽 30일 전 축제'에 출연한 소녀대가 〈KOREA〉의 1절을
아예 일본어로 불러버렸다. 함께 출연한 혼다 미나코 역시 노래의 마
지막 10초를 일본어로 소화하며 '한국 TV 역사상 유례없던 사건'을
일으켰는데, 이게 옆 나라 일본에 보도되며 소소한 파장을 불러왔다.

산케이신문은 "금기시되어온 일본말 노래가 한국 안방에 흘렀
다."라는 소식을 전하며 TV에도 보도했다고 한다. 서울 올림픽을 계

기로 자국 노래의 해금을 기대하던 일본 측에서 기습 공격을 감행했다는 설도 있다. 어쨌든 일본에서도 제법 의미가 큰 사건이었던 것으로 보인다. 아직까지도 소녀대 일본어 위키피디아에 "전후 처음으로 한국 방송에서 일본어로 노래한 그룹"이라는 소개가 있으니 말이다. (사실 정말 처음인지에 관해선 이견이 있다.) 소녀대는 1989년에 해체하지만, 이후 한국에서는 소녀대를 본떠 만든 '세또래' 같은 그룹이 등장하며 걸그룹의 명맥이 이어진다.

88 서울 올림픽 개최가 확정된 1981년 이래, 조직위는 반쪽짜리 올림픽을 막기 위해 여기저기 뛰어다녔고, 그 결과 동구권 가수의 내한이 성사되었다. 그렇게 연결된 헝가리의 두 가수는 〈KOREA〉를 작곡했고, 돌고 돌아 한국 TV에 일본어가 등장하는 일까지 벌어졌다.

한국은 결국 12년 만에 서구권과 동구권이 동시에 참여하는 올림픽을 성사시켰고, 88 서울 올림픽의 위상을 다시금 세계 최대의 축제로 끌어올렸다. 올림픽 주제가 〈손에 손잡고〉가 화합을 상징하는 노래가 되었다면, 〈KOREA〉는 한국의 개방을 상징하는 곡이 된 셈이다.

한국은 88 서울 올림픽 직후인 1989년, 〈KOREA〉의 나라 헝가리와 동유럽 최초로 수교하며 북방 외교의 신호탄을 쐈다. 이후로 〈KOREA〉는 한국-헝가리 외교 관계를 대표하는 곡이 되어, 2019년

소녀대의 《KOREA》 LP 커버

엔 〈KOREA〉를 부른 에바 선이 한-헝가리 수교 30주년을 맞아 방한하기도 했다. 그리고 방한 인터뷰에서 "한국과 헝가리의 다리 역할을 해 행복하다."라는 소감을 밝혔다.

〈KOREA〉라는 노래에는 국뽕 이상의 무엇이 있었다. 어떻게 보면 대한민국의 80년대를 대변하는 곡과 같았다. 한국의 세계화를 알린 명곡이 아니었을까. 그래서 요새도 〈KOREA〉에 흘러나오는 아리랑을 들으면 감회가 새롭다.

PLAY LIST

🎵 *에바 선, 레슬리 만도키 - KOREA*

🎵 *소녀대 - KOREA*

트리비아

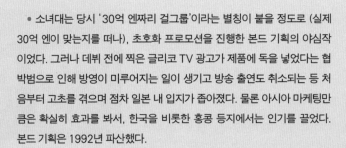

• 소녀대는 당시 '30억 엔짜리 걸그룹'이라는 별칭이 붙을 정도로 (실제 30억 엔이 맞는지를 떠나), 초호화 프로모션을 진행한 본드 기획의 야심작이었다. 그러나 데뷔 전에 찍은 글리코 TV 광고가 제품에 독을 넣었다는 협박범으로 인해 방영이 미루어지는 일이 생기고 방송 출연도 취소되는 등 처음부터 고초를 겪으며 점차 일본 내 입지가 좁아졌다. 물론 아시아 마케팅만큼은 확실히 효과를 봐서, 한국을 비롯한 홍콩 등지에서는 인기를 끌었다. 본드 기획은 1992년 파산했다.

〈KOREA〉가 서울 올림픽 주제가를 노리고 만든 노래였다고 에바
선은 증언했으나, 사실 정말 주제가가 될 뻔했던 노래는 김연자의
〈아침의 나라에서〉였다. 1986년 발매되었으나 올림픽 개막 직전
코리아나의 〈손에 손잡고〉로 교체되었다.

갑작스러운 결정이었으나, 조르조 모로더가 작곡한 〈손에 손잡
고〉는 지금까지도 화합을 대표하는 명곡으로 국민의 가슴에 남아 있
다. 이번 픽업에서는 김연자의 〈아침의 나라에서〉, 코리아나의 〈손
에 손잡고〉를 연달아 들어보면 좋겠다. 그리고 조르조가 작곡해 서
울 올림픽 주제가 앨범에 함께 수록한 〈The Victory〉도 픽업해 봤
다. 당시 서울 올림픽이 추구했던 화합의 기치는 물론이고 80년대의
스포츠 정신까지 모두 느낄 수 있는 곡이다.

김연자
– 아침의 나라에서

코리아나
– 손에 손잡고

코리아나
– The Victory

사진 출처

18쪽 262756n/Shutterstock.com, 25쪽 14326761ew/Shutterstock.com, 32쪽 2324212483/
Shutterstock.com, 47쪽 261411d/Shutterstock.com, 50쪽 261411r/Shutterstock.com, 62쪽 336078e/
Shutterstock.com, 68쪽 286217c/Shutterstock.com, 75쪽 1289506k/Shutterstock.com, 90쪽
759712000/Shutterstock.com, 114쪽 9347572a/Shutterstock.com, 126쪽 14435348h/Shutterstock.
com, 136쪽 10650480rv/Shutterstock.com, 139쪽 1274044f/Shutterstock.com, 149쪽 206448e/
Shutterstock.com, 174쪽 551671b/Shutterstock.com, 176쪽 12366028bt/Shutterstock.com, 187쪽
14255673aj/Shutterstock.com, 193쪽 415843bm/Shutterstock.com, 197쪽 RCA Records, 207쪽
94415a/Shutterstock.com, 212쪽 2208709607/Shutterstock.com, 221쪽 205028a/Shutterstock.com,
229쪽 10666966ds/Shutterstock.com, 240쪽 5884882a/Shutterstock.com, 242쪽 5884882z/
Shutterstock.com, 252쪽 118169c/Shutterstock.com, 269쪽 3162971a/Shutterstock.com

빽 투 더 올드팝
복고맨의 8090 팝스 견문록

1판 1쇄 펴낸 날 2024년 11월 7일

지은이 복고맨(오장훈)
주간 안채원
책임편집 윤대호
편집 채선희, 윤성하, 장서진
디자인 김수인, 이예은
마케팅 함정윤, 김희진

펴낸이 박윤태
펴낸곳 보누스
등록 2001년 8월 17일 제313-2002-179호
주소 서울시 마포구 동교로12안길 31 보누스 4층
전화 02-333-3114
팩스 02-3143-3254
이메일 bonus@bonusbook.co.kr

ISBN 978-89-6494-720-3 03670

• 책값은 뒤표지에 있습니다.